Compact Abiturtrainer

Französisch
Grundkurs

Annette Münch

Compact Verlag

© 1994 Compact Verlag München
Redaktion: Ursula Händl-Sagawe, Renate Randolf,
Claudia Lohmann-Bormet
Umschlaggestaltung: Sabine Jantzen
Illustration: Franz Gerg
Printed in Germany
ISBN 3-8174-3673-4
7336731

Inhalt

Compact-Abiturtrainer – für bessere Noten ... 5

A. LERNTEIL ... 7

1. Grammatik ... 7

1.1	Musteraufgabe	7
1.2	Lernstoff Grammatik	9
1.2.1	Adverbialsätze und Infinitivkonstruktionen	9
1.2.2	Pronoms (Pronomen)	9
1.2.3	Voix Passive (Passiv)	14
1.2.4	Mise en Relief (Hervorhebung)	15
1.2.5	Gérondif und Participe Présent	16
1.2.6	Indicatif und Subjonctif	18
1.2.7	Imparfait und Passé Composé	19
1.2.8	Konditionalsätze	21
1.2.9	Discours Indirect (indirekte Rede)	22
1.3	Übung	23

2. Compréhension du Texte und Commentaire de Texte ... 25

2.1	Musteraufgabe	25
2.2	Systematische Bearbeitung der Textaufgabe	26
2.2.1	Textverständnis	26
2.2.2	Arten der Aufgabenstellung	27
2.3	Übung	36

3. Commentaire Personnel ... 38

3.1	Musteraufgabe	38
3.2	Systematische Bearbeitung der Aufgabe	39
3.2.1	Erfassen der Frage	39
3.2.2	Einleitung	40
3.2.3	Argumentation	41
3.2.4	Persönliche Stellungnahme	45
3.2.5	Sonderform: Persönliche Frage	47
3.3	Sprache	47
3.3.1	Nützliche Ausdrücke für den Commentaire Personnel	48
3.3.2	Verbesserung des eigenen Stils	49
3.3.3	Häufige Fehlerquellen	51
3.4	Übung	52

4. Version ... 54

4.1	Musteraufgabe	54
4.2	Vorgehensweise beim Übersetzen	54
4.3	Spezielle Übersetzungshilfen	61
4.3.1	Übersetzung des bestimmten Artikels	61
4.3.2	Übersetzung der Konjunktion *si*	61
4.3.3	Abweichung von der Grundbedeutung eines Wortes	62

4.3.4	Übersetzung durch zusammengesetzte Substantive	64
4.3.5	Übersetzung durch andere Wortarten	65
4.3.6	Abweichung vom Numerus des Wortes	65
4.3.7	Passiv statt Aktiv	65
4.3.8	Veränderung der Satzstruktur	66
4.3.9	Übersetzung der Mise en Relief	66
4.3.10	Hinzufügen von betonenden Wörtern	67
4.4	Übung	67

5. Wortschatz 68

5.1	Universalwortschatz	68
5.2	Spezialwortschatz: l'Europe	70
5.3	Spezialwortschatz: la famille/la condition de la femme	71
5.4	Spezialwortschatz: les travailleurs immigrés	73
5.5	Spezialwortschatz: le sport	75
5.6	Spezialwortschatz: les grandes villes	77
5.7	Spezialwortschatz: l'environnement/la nature	78
5.8	Spezialwortschatz: la télévision	79
5.9	Faux amis	79
5.10	Wortfeld: Grammatik	82

B. ABITURAUFGABEN MIT LÖSUNGSVORSCHLÄGEN 85

Aufgabe 1:	Lycéens, qu'attendez-vous de l'Europe?	85
Aufgabe 2:	L'apartheid dans le 15ème	91
Aufgabe 3:	Minguettes: le calme après la tempête	94
Aufgabe 4:	Bastia: soudain le drame	100
Aufgabe 5:	A propos de voiture ...	106
Aufgabe 6:	Les chevaux sauvages	109
Aufgabe 7:	Le corbeau et le renard	116
Aufgabe 8:	Auszug aus *Vas-y, maman*	120
Aufgabe 9:	Le bon vieux temps Trouvez-vous qu'autrefois la vie était plus belle qu'aujourd'hui?	124
Aufgabe 10:	Inventeurs: La France a du génie!	130
Aufgabe 11:	Une histoire d'amour sous l'Occupation	137
Aufgabe 12:	On fait un voyage	144
Aufgabe 13:	Teil I: Textproduktion Teil II: Aufgaben zu Grammatik und Wortschatz	148
Aufgabe 14:	Les bistrots ont-ils un avenir?	153

Compact-Abiturtrainer
– für bessere Noten

Der Compact-Abiturtrainer enthält die wesentlichen Inhalte des Abiturwissens für den Grundkurs Französisch. Die klare und leicht verständliche Darstellung gewährleistet eine optimale Vorbereitung auf die Abiturprüfung. Auch vor Klausuren leistet dieses Buch gute Dienste bei der Wiederholung des Lernstoffes.

Der Abiturtrainer ist in Lern- und Aufgabenteil gegliedert. Der *Lernteil* vermittelt das erforderliche Wissen zu den relevanten Themengebieten des Faches und gibt nützliche Arbeitstips. Daran anschließend kann das Erlernte in einer aktuellen Auswahl von *Original-Abitur-Aufgaben* aus verschiedenen Bundesländern gezielt angewandt und geübt werden. Die *Lösungsvorschläge* erlauben schließlich eine zuverlässige Überprüfung des bereits erreichten Wissens.

Ein pädagogisch sinnvoller Aufbau, die praktische Einteilung in Lern- und Aufgabenteil sowie die Hervorhebung wichtiger Regeln durch rote Raster und die übersichtliche Stichwortliste am Rand machen den Abiturtrainer zu einem nützlichen und praktischen Arbeitsmittel zur optimalen Abiturvorbereitung und für bessere Noten.

Viel Erfolg und gutes Gelingen der Abiturprüfung!

A. LERNTEIL

1. Grammatik
1.1 Musteraufgabe

Complétez et modifiez le texte suivant selon les indications données; écrivez en entier le texte modifié en changeant l'ordre des mots là où ce sera nécessaire en respectant l'accord. Il faut:

/1/ mettre le(s) mot(s) voulu(s) par le contexte;
/2/ **mettre en relief** l'expression soulignée;
/3/ mettre **l'adjectif possessif** ou **l'adjectif démonstratif** qui convient;
/4/ remplacer la construction soulignée par **une construction equivalente**;
/5/ remplacer les mots soulignes par **le pronom personnel** ou **le pronom adverbial** qui convient
/6/ mettre la proposition soulignée à **la voix passive**;
/7/ relier la phrase à la précédente pour obtenir **une construction relative**;
/8/ mettre le mot entre parenthèses à **la forme voulue par le contexte**.

Avant même ... /1/ lire, les enfants savent reconnaître une marque sur une affiche.
5 Mais ils doivent à la télévision /2/ ... /3/ véritables leçons de pub. Pour certains parents, les publicitaires ressemblent à ... /3/ inconnus offrant/4/ des bonbons aux enfants à la sortie de l'école pour pervertir les enfants /5/. Les enfants ne se contentent pas des spots qu'on destine/6/ aux enfants, pour les bonbons, les biscuits, les jouets. Ils regardent aussi les publicités de voitures et de machines à laver et ils s'intéressent avec
10 le même enthousiasme à de telles publicités /5/. Pour les enfants /5/, ce sont des comptines modernes. Leur charme est fascinant /7/. Premier charme: les histoires sont courtes, jamais plus ... /1/ une minute et demie. Autre plaisir: il y a de l'action: un type qui fait /4/ ... /1/ luge dans une valise – ça, c'est du spectacle! Mais (évident) /8/, les contes de la fée Consommation ne sont pas innocents. La publicité est trop chère ... /1/ être un acte gratuit!

Lösung mit Erklärung:

Zeile 1: Avant même de lire

avant leitet hier eine Infinitivkonstruktion ein, die einen temporalen Nebensatz ersetzt. Dies ist möglich, da das Subjekt des Infinitivs und das Subjekt des Hauptsatzes identisch sind, nämlich *les enfants*. Die verbindende Präposition nach *avant* ist *de*.

Zeile 2: Mais c'est à la télévision qu'ils doivent ...

a la télévision ist nicht Subjekt des Satzes, deshalb erfolgt die Mise en Relief durch *c'est ... que*. Es rahmt den hervorzuhebenden Satzteil ein. Die Mise en Relief wird immer an den Satzanfang gestellt.

Zeile 3: ... à ces inconnus

Das Adjectif Possessif paßt hier sinngemäß nicht. Das Adjectif Démonstratif richtet sich, wie jedes Adjektiv, in Zahl und Geschlecht nach seinem Bezugswort, hier *inconnus*. seine männliche Pluralform ist *ces*.

Zeile 3: ... ces inconnus qui offrent des bonbons ...

offrant ist Participe Présent. Es hat kausale oder temporale Bedeutung oder ersetzt einen Relativsatz. Sinngemäß kommt hier nur letzteres in Betracht. Demnach muß das Relativpronom *qui* gewählt werden, da es das Subjekt des Relativsatzes ist.

Zeile 4: pour les pervertir

les enfants ist Objet Direct. Es wird durch *les* ersetzt.

Zeile 5: ... des spots qui sont destinés ...

Aus *que*, dem Objet Direct des Aktivsatzes, wird im Passiv das Subjekt *qui*, das sich auf *des spots* bezieht. Die Formen des Verbs werden gebildet aus dem Präsens von *être* + Participe Passé von *destiner*. Das Partizip wird in Zahl und Geschlecht entsprechend seinem Bezugswort *spots* angeglichen.

Zeile 5: ... des spots qui leur sont destinés ...

leur ersetzt ein Objet Indirect im Plural. Es steht unmittelbar vor dem konjugierten Teil des Verbs.

Zeile 6/7: ils s'y intéressent avec le même enthousiasme.

Das Pronom Adverbial *y* ersetzt Ergänzungen eines Verbs mit *à*. Das Pronom Personnel kommt hier nicht in Frage, da *à de telles publicités* kein Dativ ist.

Zeile 7: Pour eux, ce sont des ...

Nach Präpositionen steht die betonte Form des Pronom Personnel.

Zeile 7/8: ... des comptines modernes dont le charme est fascinant.

Sinngemäß heißt es: *le charme des comptines est fascinant*. *de* + Relativpronomen ergibt *dont*, sowohl bei Sachen als auch bei Personen.

Zeile 9: ... jamais plus d'une minute et demie.

Es handelt sich hier um eine Mengenangabe und nicht um einen echten Vergleich. Daher steht nicht *que* sondern *de*.

Zeile 9/10: ... un type faisant de la luge ...

Ein Relativsatz kann durch das Participe Présent ersetzt werden.
Bei Sportarten steht *faire* + Teilungsartikel. Vergleiche: *faire de la natation*, *faire du ski*.

Zeile 10: Mais évidemment

Es muß hier sinngemäß ein Satzadverb stehen.

Zeile 11/12: La publicité est trop chère pour être un acte gratuit!

être un acte gratuit ist ein Infinitiv mit Ergänzung, der einen finalen Nebensatz ersetzt, daher steht die Präposition *pour*.

1.2 Lernstoff Grammatik

1.2.1 Adverbialsätze und Infinitivkonstruktionen

Adverbiale Nebensätze werden durch Konjunktionen eingeleitet:

quand, parce que, pour que, sans que, avant que, après que, jusqu'á ce que, u.a.

Bei gleichem Subjekt in Haupt- und Nebensatz kann in folgenden Fällen der Nebensatz durch eine Infinitivkonstruktion ersetzt werden:

finite und infinite Verbformen

après que	verschiedenes Subjekt + Nebensatz	après	gleiches Subjekt + Infinitivkonstruktion
avant que		avant de	
sans que		sans	
pour que		pour	

Après qu'il est (soit) arrivé nous avons fait une promenade.

Après être rentrés <u>ils</u> ont tout de suite fait leurs devoirs.

Fais <u>tes</u> devoirs avant que <u>je</u> rentre!

Fais <u>tes</u> devoirs avant de jouer!

Il est entré sans que ses parents l'aient remarqué.

Il est entré sans dire bonjour.

Elle m'a donné de l'argent pour que je puisse acheter de nouvelles chaussures.

J'ai besoin d'argent pour m'acheter de nouvelles chaussures.

1.2.2 Pronoms (Pronomen)

Adjectif Possessif (Adjektivisches Possessivpronomen)

Das französische Adjectif Possessif ist, wie der Name sagt, ein Adjektiv. Jedes Adjektiv richtet sich in Zahl und Geschlecht nach dem Substantiv, zu dem es gehört.

Nomenbegleiter

Das Adjectif Possessif richtet sich im Numerus immer nach dem Substantiv, das es begleitet. Steht dieses im Singular, so bestimmt es auch das Geschlecht. Beginnt ein feminines Substantiv im Singular mit einem Vokal, so steht vor diesem jedoch die männliche Form des Adjectif Possessif:

le manteau, la cassette, l'amie, les vêtements de Luc
son manteau, sa cassette, son amie, ses vêtements

Durch die Wahl des Adjectif Possessif wird zwischen Singular und Plural des Besitzers unterschieden. Das Geschlecht des Besitzers spielt grundsätzlich keine Rolle:

1.–3. Person Singular:
mon, ma, mes
ton, ta, tes
son, sa, ses

1.–3. Person Plural:
notre, nos
votre, vos
leur, leurs

Das Adjectif Possessif der 1.–3. Person Plural kennzeichnet nur die Zahl, nicht das Geschlecht des Substantivs, das es begleitet:

(les filles) leur professeur, leur voiture, leurs parents

Adjectif Démonstratif (Adjektivisches Demonstrativpronomen)

Das Adjectif Démonstratif hat die Eigenschaften eines Adjektivs (siehe oben) Seine Formen lauten:

	Singular	Plural
mask.	ce, cet (vor Vokalen)	ces
fem.	cette	ces

Pronomen statt Nominalgruppe oder Satz

Pronom Démonstratif (Demonstrativpronomen)

Das Pronom Démonstratif hat die Eigenschaften eines Substantivs. Ihm folgt entweder ein Relativpronomen oder -là, -ci. Die neutralen Demonstrativpronomen sind unveränderlich:

	Singular	Plural
mask.	celui	ceux
fem.	celle	celles
neutr.	ce, cela, ça, ceci	

Beispiel:
Ceux qui disent qu'on vivait mieux autrefois ont tort.
Quelle est la nouvelle voiture? Celle-là.

Pronom Personnel (Personalpronomen)

Man unterscheidet zwischen
a) unbetonten (verbundenen) Pronomen:

me te se le la
nous vous les } ersetzen ein direktes Objekt

me te se lui
nous vous leur } ersetzen ein indirektes Objekt

Personalpronomen in Verbindung mit einem Verb

Sie stehen unmittelbar vor dem konjugierten Teil des Verbs. Gibt es einen Infinitiv im Satz, so stehen sie vor diesem:

Je les ai vus. Je ne pouvais pas les voir.
Il m'a montré la maison. Il ne voulait pas me montrer la maison.

b) betonten (unverbundenen) Pronomen:

Singular	moi toi lui (mask.) elle (fem.)
Plural	nous vous eux (mask.) elles (fem.)

Personalpronomen ohne Anbindung an ein Verb

Sie stehen:
– nach Präpositionen:
  Avec lui, cela ne marche pas.
– bei einer Hervorhebung und Wiederaufnahme durch ein unbetontes Pronomen:
  Eux, ils ont raison.
– bei der Mise en Relief:
  C'est toi qui l'as dit.
– allein:
  Qui veut partir? Moi!

Pronom Adverbial (Adverbialpronomen)

Die Pronoms Adverbiaux *en* und *y* übernehmen meist die Funktion einer adverbialen Bestimmung des Ortes oder eines indirekten Objekts im Satz.

en ersetzt Präpositionalgruppen mit de

en steht:
– als Ersatz für die Ergänzung eines Verbs mit *de*:

Je me souviens de ce film. Je m'en souviens.
Il vient de la ville. Il en vient.
On parle de ce sujet. On en parle.

en darf strenggenommen nur auf Sachen, nicht auf Personen bezogen werden, was aber in der gesprochenen Sprache nicht immer eingehalten wird. Bei Personen steht *de* + betontes Pronomen:

Je me souviens de Jacques. Je me souviens de lui.

partitives *en*	– als Ersatz eines Teilgenitivs: Vous avez encore du café? Non, je n'en ai plus. Bei bestimmten Mengen müssen Mengenangaben und Zahlwörter dabeistehen: Combien de morceaux de sucre prenez vous? J'en prends trois. Il y a encore un litre de lait. Il y en a encore un litre.
y ersetzt Präpositionalgruppen mit *à, dans, en, sur*	*y* steht: – als Ersatz für die Ergänzung eines Verbs mit den Präpositionen *à, dans, sur, en*: Tu vas à Paris? Tu y vas? Il habite dans cette maison. Il y habite. Vous pouvez compter sur son aide. Vous pouvez y compter. Elle est en France, en ce moment. Elle y est en ce moment. Je pense à mes vacances. J'y pense.
y ersetzt keine Personenobjekte	*y* darf auf keinen Fall auf Personen bezogen werden. Bei Personen steht die Präposition *à* + betontes Pronomen: Je pense souvent à Jacqueline. Je pense souvent à elle.
Stellung von *en* und *y* im Satz	*en* und *y* stehen immer unmittelbar vor dem konjugierten Teil des Verbs. Ist ein Infinitiv vorhanden, so stehen sie vor diesem: Je ne lui en ai pas parlé. Je n'ose pas lui en parler. Je n'y vais pas. Je n'aime pas y aller.

Pronom Relatif (Relativpronomen)

qui in der Funktion eines Subjekts	a) *qui* bezieht sich auf ein belebtes oder unbelebtes Subjekt: Une femme qui se contente de tout ... Une chose qui me frappe ...
que in der Funktion eines direkten Objekts	b) *que* bezieht sich auf ein belebtes oder unbelebtes Objekt: La première pièce de théâtre que j'ai vue ... La dame que tu vois là-bas ...

c) In Verbindung mit Präpositionen steht: *Präposition + Relativpronomen in der Funktion eines indirekten Objekts*

- bei Personen Präposition + *qui*:
  La personne avec qui j'ai parlé …

- bei Sachen Präposition + *lequel* und seine verschiedenen Formen:
  La clef avec laquelle j'ai ouvert la porte …
  Des instruments auxquels on ne peut pas renoncer…

- Anstelle von *de* + Relativpronomen steht *dont* bei Personen und Sachen:
  Le tableau dont j'aime bien les couleurs …
  Le professeur dont je me souviens le mieux …

Es ist darauf zu achten, daß nach *dont* die Wortstellung Subjekt – Verb – Objekt erhalten bleibt:

J'ai vu presque tous les films de ce cinéaste.
C'est un cinéaste dont j'ai vu presque tous les films.

Da diese Wortstellung dem Deutschen nicht entspricht, werden hier leicht Fehler gemacht.

d) Bezieht sich der Relativsatz auf eine Ortsangabe, so kann statt Präposition + *lequel* auch *où* stehen: *où bei Orts- und Zeitangaben*

La maison dans laquelle il habite …
La maison où il habite …

Zu *où* kann auch eine Präposition hinzutreten:

La ville d'où elle vient …

e) Auch bei Zeitangaben kommt *où* vor.

au moment où	= in dem Moment als
à l'époque où	= damals als

ansonsten steht *que*.

chaque fois que	= jedesmal wenn
un jour que	= eines Tages als
maintenant que	= jetzt, da
du temps que	= in der Zeit, als

f) Wenn sich ein Relativpronomen nicht auf ein einzelnes Wort bezieht, sondern auf einen genannten oder nicht genannten Sachverhalt, dann muß *ce* davor stehen: *bei fehlendem Bezugswort: ce + Relativpronomen*

Ce qui me fâche … Ce que je ferais …

In diesem Fall kommen nur die Präpositionen *de* und *à* vor.
Da *de* + Relativpronomen *dont* ergibt, heißt es z.B.: ce dont on parle ...

Bei *à* steht *quoi* anstelle von *que:* ce à quoi j'ai pensé ...

g) Ausnahmen

zwingender Gebrauch von *lequel*

Nach den Präpositionen *parmi* und *entre* muß auch bei Personen *lequel* stehen:

Les gens parmi lesquels on trouve toujours des riches ...

Les élèves entre lesquels il y a souvent des disputes ...

lequel kann auch bei Personen verwendet werden, wenn Mißverständnisse vermieden werden sollen:

Le mari de Nicole lequel est au chômage ...

In gehobener Schriftsprache wird in Verbindung mit Präpositionen statt *qui* auch gelegentlich *lequel* verwendet, die Regel ist dies jedoch nicht.

Wichtig:
Das Relativpronomen folgt unmittelbar auf sein Bezugswort;
qui ist Subjekt; *que* ist Objekt;
lequel steht in der Regel nur bei Sachen in Verbindung mit Präpositionen;
dont steht bei Personen und Sachen;
ce qui, ce que = was; ce dont = wovon; ce à quoi = woran;

1.2.3. Voix Passive (Passiv)

Bildung des Passivs

Das Passiv wird durch *être* in den verschiedenen Zeiten und Personalformen + Participe Passé gebildet. Das Participe Passé wird je nach Geschlecht und Zahl des Subjekts verändert:

Les ouvriers sont/étaient/ont été/avaient été/seront/ seraient licenciés.

Umwandlung eines Aktivsatzes in einen Passivsatz: Das direkte Objekt des Aktivsatzes entspricht dem Subjekt des Passivsatzes. Der Urheber der Handlung wird durch *par* angeschlossen:

Le gouvernement prend les mesures nécessaires.
Les mesures nécessaires sont prises par le gouvernement.

1.2.4 Mise en Relief (Hervorhebung)

Die Mise en Relief dient dazu, einen Satzteil besonders zu betonen. Im Deutschen wird er zu diesem Zweck an den Anfang oder an den Schluß gestellt und stimmlich betont:

Man hat dich gesehen. On t'a vu(e).
Dich hat man gesehen. C'est toi qu'on a vu(e).

Hervorhebung von einzelnen Satzteilen

Nur bestimmte Satzteile können hervorgehoben werden:

a) Nomen und Nominalgruppen
   Les Durand et leurs amis sont là.
   C'est les Durand et leurs amis qui sont là.
b) Präpositionalgruppen:
   Il faut penser à l'avenir.
   C'est à l'avenir qu'il faut penser.
c) Gérondif-Konstruktionen:
   On apprend en enseignant.
   C'est en enseignant qu'on apprend.
d) Zeit- und Ortsangaben:
   Je lui ai écrit ce matin.
   C'est ce matin que je lui ai écrit.
   Il habite à Paris.
   C'est à Paris qu'il habite.

Nicht hervorgehoben werden können z.B. Verben – außer als Bestandteil einer der oben genannten Gruppen – und Modaladverbien (z.B. *heureusement*).

Der Teil des Satzes, der hervorgehoben werden soll, wird durch *c'est ... qui* bzw. *c'est ... que* eingerahmt und an den Satzanfang gestellt. Die Verneinung bzw. Einschränkung ist *ce n'est pas ... qui/que* bzw. *ce n'est que ... qui/que*.

Mise en Relief steht am Satzanfang

c'est ... qui steht, wenn das Subjekt des Satzes hervorgehoben werden soll:

C'est cette chaise-là qui me plaît;

In allen anderen Fällen steht *c'est ... que*:

C'est à toi que je pense sans cesse.
C'est avec soin qu'il faut faire ce travail.
C'est mon oncle que j'ai vu hier.

Dabei spielt es keine Rolle, ob es sich um Personen oder um Sachen handelt.
Soll ein Personalpronomen hervorgehoben werden, so steht es in der betonten Form: moi, toi, lui ...

est/sont als Bestandteil der Mise en Relief ist immer korrekt

Die Form von *être* kann, muß aber nicht verändert werden, wenn der hervorgehobene Satzteil im Plural steht (jedoch ist *est* in Verbindung mit einer prädikativen Ergänzung im Plural eher der gesprochenen Sprache zuzuordnen) oder wenn es sich um eine andere Zeit als das Präsens handelt:

Les Durand sont venus.
Ce sont les Durand qui sont venus.
C'est les Durand qui sont venus.

Christophe Colomb découvrit l'Amérique en 1492.
Ce fut en 1492 que Christophe Colomb découvrit l'Amérique.
C'est en 1492 que Christophe Colomb découvrit l'Amérique.

Man darf sich nicht dazu verleiten lassen, die 3. Person Singular von *c'est* für das Verb des Satzes zu übernehmen. Das Verb bleibt in der Form, die es im Satz ohne Mise en Relief hat:

Je te l'ai dit. C'est moi qui te l'<u>ai</u> dit.
Tu as menti C'est toi qui <u>as</u> menti.

> **Wichtig:**
> Ob es sich um Personen oder um Sachen handelt, spielt bei der Wahl von *c'est ... qui* oder *c'est ... que* keine Rolle, sondern nur, ob es sich um das Subjekt des Satzes handelt oder nicht. Die Formen müssen nicht verändert werden.

Verbformen auf *-ant*

1.2.5 Gérondif und Participe Présent

Gérondif

Das Gérondif hat folgende Bedeutungen:

- modal: On s'instruit en lisant.
  (Quand on lit, on s'instruit.)
- temporal: Il parlait en mangeant.
  (Il parlait pendant qu'il mangeait.)
- konditional: En passant par là, vous faites un détour.
  (Si vous passez par là, vous faites un détour.)

Das Gérondif ersetzt einen entsprechenden Nebensatz, dessen Subjekt in der Regel mit dem des Hauptsatzes übereinstimmt. Die temporale Bedeutung unterscheidet sich vom modalen Gebrauch darin, daß die Handlung gleichzeit und unabhängig ist.

Participe Présent

Das Participe Présent steht:

a) anstelle eines Relativsatzes mit *que,* wobei das Bezugswort ein Substantiv sein muß, und das Verb des Relativsatzes nicht allein stehen darf:

Le vin venant de France est très bon.
(Le vin qui vient de France est très bon.)

Ein Relativsatz wie ..., *qui rit,* ... kann nicht durch ein Participe Présent ersetzt werden, da hier das Verb keine Ergänzung hat.
Das Subjekt des Participe Présent stimmt in der Regel mit dem Subjekt des Verbs des Hauptsatzes überein.

b) in kausaler Bedeutung:

La nuit tombant, nous nous dépêchons de rentrer.
(Comme la nuit tombe, nous nous dépêchons de rentrer.)

c) in temporaler Bedeutung, wenn zwei Handlungen gleichzeitig sind oder unmittelbar aufeinander folgen und in einem Zusammenhang stehen:

Pleurant à chaudes larmes, l'enfant courut vers sa mère. Frappant à la porte, il entre.

In diesen Fällen können die beiden Teilsätze im Deutschen mit *als* bzw. *und* verbunden werden.

In der kausalen und in der temporalen Bedeutung sollte das Participe Présent nicht an das Ende des Satzes gestellt werden, da es dann Mißverständnisse hinsichtlich des Bezugs geben kann:

L'enfant courut vers sa mère pleurant à chaudes larmes.
(Hier weint die Mutter!)

Subjonctif oder Indicatif im que-Satz

1.2.6 Indicatif und Subjonctif

Prinzipiell unterscheidet sich der Subjonctif vom Indicatif dadurch, daß er einen Sachverhalt ausdrückt, der nicht als Tatsache angesehen wird. Daher steht er nach folgenden Verben und Ausdrücken:

a) Am häufigsten kommt der Subjontif nach:

il est faux que	bien que
il faut que	jusqu'à ce que
je ne crois pas que	sans que
il n'y a personne qui	quoique

b) Zum Ausdruck eines Willens bzw. Befehls:

vouloir que	il faut que
préférer que	il est nécessaire que
demander que	interdire que
souhaiter que	éviter que
désirer que	craindre que

Im Sinne eines Wunsches findet man den Subjonctif auch in einem Relativsatz:

Je cherche un appartement qui ne soit pas trop petit.

Aber: espérer + Indicatif Futur

c) Ausdrücke, die ein Gefühl bezeichnen:

il est dommage que	il est triste que
être content que	être surpris que
regretter que	être fâché que

d) Ausdrücke mit einer wertenden Stellungnahme:

trouver bon/mauvais que	il est logique que
il vaut mieux que	il est normal que
il est naturel que	il est important que

Aber:

trouver que + Indicatif
trouver + wertendes Adjektiv que + Subjonctif

Unterscheide:
Je trouve que tu as raison.
Je trouve mauvais que tu fasses cela.

e) Ausdrücke mit Superlativen:
C'est le meilleur film que j'aie jamais vu.

f) Ausdrücke mit einräumender Bedeutung:

il est exact que ... (mais)	zwar ... (aber)
autant que je sache	soviel ich weiß
quoi qu'il en soit	wie dem auch sei
admettons que	angenommen, daß
à moins que	es sei denn, daß

> **Wichtig:**
>
> | mit Indicatif steht: | mit Subjonctif steht: |
> |---|---|
> | être d'avis que | ne pas être d'avis que |
> | croire que | ne pas croire que |
> | peut-être que | il se peut que |
> | supposer que | il est possible que |
> | il est probable que | il est douteux que |
> | il paraît que | il arrive que |
> | il semble que | jusqu'à ce que |
> | espérer que + ind. futur | bien que, quoique |

Im heutigen Französisch werden in der Regel nur die Präsensformen des Subjonctif verwendet, auch wenn der Satz in der Vergangenheit steht:

Il voulait que je ne vienne pas trop tard.

1.2.7 Imparfait und Passé Composé

Im Deutschen weist der Gebrauch von Imperfekt und Perfekt im Gegensatz zum Französischen allenfalls regionale Unterschiede auf. Der Schüler neigt dazu, die von ihm im Deutschen verwendete Zeit ohne Überlegung ins Französische zu übertragen, was häufig zu Fehlern führt.

Aspekt eines Geschehens in der Vergangenheit

Imparfait

Imparfait bedeutet *nicht abgeschlossen*. Aus der Bedeutung des Wortes läßt sich sein Gebrauch erschließen: Es steht für Handlungen, die als nicht abgeschlossen dargestellt werden sollen, also für Handlungen, deren Beginn und (oder) Ende nicht markiert sind.

imperfektiver Aspekt

Die Schwierigkeit liegt nun darin, zu erkennen, wann eine Handlung als abgeschlossen betrachtet werden kann und wann nicht.

Das Imparfait bezeichnet eine Handlung der Vergangenheit und ist vom Standpunkt der Gegenwart aus betrachtet eigentlich abgeschlossen. Das Imparfait steht jedoch, wenn die Handlung **zu einem bestimmten Zeitpunkt in der Vergangenheit,** nicht abgeschlossen, also **präsentisch,** d.h. schon und noch im Gange ist.

Handlung präsentisch zu einem Zeitpunkt in der Vergangenheit

Dies läßt sich folgendermaßen darstellen:

```
   Zeitpunkt der Vergangenheit    Gegenwart
──────────X─────────────────────────┼──────
          └─────────────────┘
          Handlung im Imparfait
```

Der Zeitpunkt in der Vergangenheit, der als Bezugspunkt dient, kann sein:

a) eine Zeitangabe:
A six heures, je dormais.
A l'époque il n'y avait pas tant de voitures.

b) eine andere Handlung der Vergangenheit:
Quand tu m'as appelé au téléphone, je dormais.

Zwei Handlungen, die (zu einem Zeitpunkt der Vergangenheit) gleichzeitig verlaufen und nicht abgeschlossen sind, stehen beide im Imparfait:

Pendant qu'il lisait, je tricotais.

Der Bezugspunkt ist, wie im letzten Beispiel, nicht unbedingt im selben Satz zu finden. Er muß häufig aus dem Kontext erschlossen werden.

Manchmal steht das Imparfait auch, um den Leser in die Vergangenheit zu versetzen und den Bericht lebendiger zu gestalten:

Depuis huit jours que nous préparions ce match, disait- il trés abattu, nous nous sommes attachés...

unbegrenzte Wiederholung der Handlung in der Vergangenheit

Eine Handlung wird ebenfalls als nicht abgeschlossen betrachtet, wenn sie sich in der Vergangenheit **unbegrenzt oft wiederholt,** also gewohnheitsmäßig abläuft:

A cette époque-là, je me levais à six heures.

Es ist falsch, das Imparfait im Gegensatz zum Passé Composé als lang andauernde Handlung zu betrachten. Auch eine zu einem Zeitpunkt der Vergangenheit abgeschlossene Handlung kann lang gedauert haben:

La guerre de Cent Ans a duré 115 ans.

Passé Composé

perfektiver Aspekt

Da für das Grundkurs-Abitur nur die passive Beherrschung des Passé Simple verlangt wird und der Unterschied zwischen Passé Simple und Imparfait derselbe ist wie zwischen Passé Composé und Imparfait, wird hier nur auf das Passé Composé eingegangen.

Das Passé Composé steht bei Handlungen, die:

- in der Vergangenheit abgeschlossen bzw. begrenzt sind
- plötzlich oder neu eintreten.

Also Handlungen bei denen – im Gegensatz zum Imparfait – das Eintreten oder (und) das Ende des Geschenes markiert ist. Dies ist besonders bei einer Folge von Handlungen der Fall: sukzessive Handlungen

> D'abord, j'ai pensé enlever la clé et mettre tout le monde à la porte ... Ensuite j'ai pensé aller au commissariat de police ... A midi, j'ai réuni mes trois enfants, Lakdar, Bertrand et deux ou trois groupes qui étaient là.

Eine Handlung ist hier abgeschlossen, wenn die nächste beginnt.

Dies läßt sich folgendermaßen darstellen:

```
  Handlungen der Vergangenheit    Gegenwart
 ──────────────────x x x─────────────┤──────
```

Auch sich wiederholende Handlungen stehen im Passé Composé, wenn die Anzahl der Wiederholungen genannt ist: begrenzte Wiederholung der Handlung in der Vergangenheit

> Il à frappé trois fois.

Die Abgeschlossenheit der Handlung liegt hier in der **begrenzten Zahl der Wiederholungen.** Dies gilt auch, wenn die Zahl nicht genau definiert ist:

> Elle m'a téléphoné souvent.

1.2.8. Konditionalsätze

Konditionalsätze sind Nebensätze, die mit *si = wenn, falls* eingeleitet werden. Es ist zu beachten, daß das deutsche *wenn* zweideutig ist: konditionales *si*

- wenn, falls – konditional
- jedesmal wenn, sobald – temporal

Nur das konditionale *wenn* kommt hier in Betracht.

Gebrauch des Konditionals:

a) Wird eine Bedingung als erfüllbar angesehen, gilt: Steht der Nebensatz im Présent, Passé Composé oder Imparfait, dann folgt im Hauptsatz Impératif, Futur, Futur Antérieur oder Conditionnel.

> Si tu te dépêches   tu attraperas le bus.
> S'il a laissé une note   tu sauras où il est.
> Si tu travailles plus   tu auras terminé plus tôt.
> S'il faisait beau demain on ferait une promenade.

b) Ist die Bedingung erfüllbar bzw. nicht erfüllbar und bezieht sich auf die Gegenwart bzw. Zukunft, gilt:
Steht der Nebensatz im Imparfait, dann erscheint im Hauptsatz das Conditionnel.

S'il faisait beau demain on ferait une promenade.
Si j'étais riche j'achèterais une maison.

c) Ist die Bedingung unerfüllbar und auf die Vergangenheit bezogen, gilt:
Steht im Nebensatz Plus-que-parfait so steht im Hauptsatz das Conditionnel du Passé.

Si tu m'avais dit la vérité je ne t'aurais pas aidé.

Auch eine Kombination aus Vergangenheit und Gegenwart ist möglich:

Si je n'avais pas perdu ma carte d'identité, hier, je pourrais partir, demain.

> **Wichtig:**
> Im si-Satz steht kein Konditional und kein Futur.
> Im Hauptsatz stehen dieselben Zeiten wie im Deutschen.

Gebrauch der Zeiten im Discours Indirect

1.2.9 Discours Indirect (indirekte Rede)

Im Deutschen wird die indirekte Rede durch den Konjunktiv ausgedrückt. Im Französischen hingegen wird die Abhängigkeit von einem Verb des Sagens oder Denkens durch die Zeiten wiedergegeben. Dabei muß beachtet werden:

a) die Zeit, in der das Verb des Hauptsatzes steht

b) das Zeitverhältnis zwischen Haupt- und Nebensatz, also Gleichzeitigkeit, Vorzeitigkeit oder Nachzeitigkeit.

Steht das Verb des Hauptsatzes im Präsens oder Futur, so steht im Nebensatz dieselbe Zeit wie in der direkten Rede:

Il dit: „Je travaille, travaillerai, ai travaillé ..."
Il dit/dira qu' il travaille/travaillera ...

Hauptsatz	Nebensatz	
Temps du Passé	Gleichzeitigkeit	– Imparfait
	Vorzeitigkeit	– Plus-que-parfait
	Nachzeitigkeit	– Conditionnel

Il a dit qu'il
- travaillait. – Gleichzeitigkeit
- avait travaillé. – Vorzeitigkeit
- travaillerait. – Nachzeitigkeit

Das Konditoinal der direkten Rede bleibt in der indirekten Rede unverändert:

Il dit/a dit/dira: „Je ne ferais pas cela."
Il dit/a dit/dira qu'il ne ferait pas cela.

1.3 Übung

Complétez et modifiez le texte suivant selon les indications données; écrivez en entier le texte en changeant l'ordre des mots là où ce sera nécessaire et en respectant l'accord. Il faut

- /1/ mettre le mot entre parenthèses à la forme voulue par le contexte;
- /2/ mettre l'adjectif possessif qui convient;
- /3/ mettre en relief l'expression soulignée;
- /4/ remplacer l'expression soulignée par le pronom personnel ou le pronom adverbial qui convient;
- /5/ mettre le verbe entre parenthèses au temps et au mode voulus par le contexte;
- /6/ remplacer la construction soulignée/le mot souligné par une construction équivalente;
- /7/ relier la proposition à la précédente en remplacant l'expression soulignée par une construction relative;
- /8/ reposer la question en supprimant *est-ce que*;
- /9/ mettre le pronom démonstratif;
- /10/ mettre la construction soulignée à la voix active.

(Décidé) /1/, les statisticiens ont raison dans ... /2/ refus de porter la moindre appréciation sur la mobilité sociale des nouvelles générations. Ce chamboulement /3/ fournit aux statisticiens /4/ un argument supplémentaire.
Sa nomenclature que (utiliser) /5/ l'INSEE pour son enquête de 1977 ne (pouvoir) /5/ plus traduire la complexité des situations actuelles.
Déjà, il avait fallu qu'on range /6/ dans la case „cadres supérieurs" certains hommes. Les profils de ces hommes /7/ étaient fort dissemblables. Il y à cinquante ans, on (pouvoir) /1/, sans se tromper, assimiler la profession à une classe sociale déterminée. Mais aujourd'hui? Où classer l'attaché de presse, le moniteur de surf, et le chef cuisinier? Est-ce que ces professions sont socialement inférieures au capitaine parachutiste et au médecin? /8/ Il y a seulement /6/ un barreau de l'échelle ne laissant /6/ personne perplexe. C'est le dernier, (évident /1/). Et ce barreau-là /9/, on sait de façon certaine par qui il est occupé /10/: l'ouvrier d'usine.

Musterlösung

Décidément les statisticiens ont raison dans leur refus de porter la moindre appréciation sur la mobilité sociale des nouvelles générations. C'est ce chamboulement qui leur fournit un argument supplémentaire. Sa nomenclature qu'a utilisé l'INSEE pour son enquête de 1977 ne peut plus traduire la complexité des situations actuelles.
Déjà, il avait fallu ranger dans la case „cadres supérieurs" certains hommes dont les profils étaient fort dissemblables. Il y à cinquante ans, on pouvait, sans se tromper, assimiler la profession à une classe sociale determinée. Mais aujourd'hui? Où classer l'attache de presse, le moniteur de surf, et le chef cuisinier? Ces professions sont-elles socialement inférieures au capitaine parachutiste et au médecin? Il n'y à qu'un seul barreau de l'échelle qui ne laisse personne perplexe. C'est le dernier évidemment. Et celui-là, on sait de façon certaine qui l'occupe: l'ouvrier d'usine.

2. Compréhension du Texte und Commentaire de Texte

2.1 Musteraufgabe
Les amis des bêtes deviennent-ils cinglés?(1)

„Ce n'est pas encore la guerre ouverte, mais la tension monte! Depuis quelques années, nous avons de plus en plus d'incidents de plaintes. Il commence à y avoir un vrai problème." Ces propos d'un élu d'arrondissement parisien ne concernent ni les embouteillages, ni les contraventions, ni même l'augmentation des impots locaux.
5 Mais le dossier des chiens en ville!

Ces réactions croissantes ne s'expliquent pas seulement par la gêne que les animaux domestiques provoquent, l'impunité dont leurs propriétaires bénéficient, mais aussi par la folie douce qui saisit bon nombre d'amoureux de leurs bêtes et qui se manifeste avec une désinvolture (2) grandissante. „Lorsque, me promenant avec ma fille au bois
10 de Vincennes, j'entends un adulte m'expliquer que c'est de ma faute si son chien se précipite sur elle, puisque je la laisse marcher avec un pain au chocolat à la main, je me dis qu'il se passe quelque chose!" constate Jean-Pierre Digart, auteur du livre „L'Homme et les animaux domestiques, anthropologie d'une passion". „Je vois de plus en plus de chiens et de chats mieux traités que des enfants. Leurs maîtres passent
15 plus de temps avec eux et semblent sincèrement plus inquiets de leur bien-être", dit un vétérinaire.

Paul Yonnet, sociologue à l'Union nationale des associations familiales, estime que les adultes retrouvent dans leurs relations avec leurs compagnons à quatre pattes celles qu'ils ont perdues avec les enfants, qui sont aujourd'hui plus autonomes. „Les animaux
20 familiers, eux, sont tels que l'on voudrait que les enfants soient, obéissants, admiratifs, réglés, sans surprises, reconnaissants, dépendants, et cela pendant toute leur vie."

Peu à peu, la frontière entre l'homme et l'animal devient plus floue, et, sentant qu'ils ont le vent en poupe (3), les défenseurs des animaux deviennent de plus en plus exigeants. Les plus extrémistes d'entre eux, les groupes antivivisectionnistes (4), orga-
25 nisent de nombreux sabotages de laboratoires. Ils réclament la „fin de toute expérimentation animale." Certains d'entre eux avancent une solution: laisser ces êtres innocents tranquilles et expérimenter sur „les foetus, les détenus (5) et les immigrés" ...

Le bon acceuil accordé par une partie importante de l'opinion publique à cette remise en question de l'expérimentation sur les animaux constitue l'un des aspects les plus
30 inquiétants de la sensiblerie à l'égard des bêtes. La médecine ne serait pas ce qu'elle est sans leur sacrifice. Dans le confort et la sécurité, on finit par oublier le drame de la thalidomide (6): entre 1958 et 1962, plus de 7 000 bébés sont nés mal formés à cause d'un nouveau sédatif dont les expérimentations n'avaient pas été assez poussées. Preuve terrible de la nécessité absolue de ce sacrifice.

35 On ne saurait pour autant éluder la question du statut de l'animal. Il faut parler sérieusement des devoirs que l'homme doit assumer envers des êtres qui, parce qu'ils sont comme lui doués de sensibilité, possèdent une aptitude à la souffrance. Le sens de la dignité de l'homme, sa culture lui imposent le devoir de ne pas faire souffrir gratuitement ces „êtres sensibles". Mais il faut aussi connaître les limites qui séparent
40 l'homme de l'animal.

Eric Conan et Luc Ferry, L'EXPRESS, 26 janvier 1990

Explications

(1) cinglé (titre) — verrückt
(2) la désinvolture — Frechheit, Ungeniertheit
(3) le vent en poupe — Rückenwind
(4) anitivivisectionniste — Tierversuchsgegner
(5) les détenus — Strafgefangene
(6) la thalidomide — Contergan

2.2 Systematische Bearbeitung der Textaufgabe

Die Fragen der Compréhension bzw. des Commentaire de Texte haben die Funktion, zu prüfen, einerseits ob Sie den Inhalt des Textes genau erfaßt haben und andererseits, ob Sie über die sprachlichen Fähigkeiten verfügen, einen Sachverhalt mit ihren eigenen Worten wiederzugeben. Beide beziehen sich ausschließlich auf den Text.

Arbeiten mit Texten

2.2.1 Textverständnis

> Für die Bearbeitung der Fragen ist ein möglichst genaues Textverständnis notwendig.
> Beim Lesen muß zunächst das Thema genau erfaßt werden. Hierbei ist besonders auf die Überschrift und den ersten Abschnitt zu achten. In der Regel wird dort die im Text angesprochene Thematik umrissen.

Text erfassen

Überschrift des obigen Textes:
Werden die Tierfreunde allmählich verrückt?

Inhalt des 1. Abschnitts:
Die Hunde in der Stadt werden immer mehr zum Problem. Die Tragweite diees Problems wird indirekt mit der des Verkehrs, der Kriminalität und der Gemeindesteuern gleichgestellt. Dabei werden Worte verwendet wie „guerre", „tension" (l. 1) und „plainte" (l. 2).

Das Thema des Textes ist also:
Der Stellenwert, der den Tieren von den Tierfreunden gegeben wird (Überschrift), führt immer mehr zu Spannungen (1. Abschnitt).

Somit ist das Thema des Textes umrissen. Jeder weitere Abschnitt enthält einen neuen Gedanken bzw. Gesichtspunkt zu diesem Thema.

2.2.2 Arten der Aufgabenstellung

> Bei der Bearbeitung des Compréhension/Commentaire de Texte ist ein möglichst exaktes Erfassen der Fragestellung erforderlich.

Aufgabenstellung berücksichtigen

Es gibt verschiedene Arten von Fragestellungen:

- Die Frage bezieht sich auf den Inhalt eines Textabschnittes.
- Sie bezieht sich auf die literarische Technik des Verfassers bezüglich eines Abschnittes (häufig der Einleitung).
- Sie enthält die Aufforderung, den Text insgesamt oder teilweise zusammenzufassen (résumé).

Frage nach einem Teil des Inhalts

Aufgabe:
Comment s'expliquent les réactions négatives contre les propriétaires d'animaux domestiques?

Diese Frage bezieht sich auf den Inhalt eines Teils des Textes, nämlich auf die im 2. Abschnitt angesprochenen Gründe für die negativen Reaktionen gegenüber den Tierhaltern.

Antwort auf den Text beziehen

> Vergessen Sie nicht, daß Sie diese Art von Frage nicht von Ihrem persönlichen Standpunkt aus beantworten dürfen, sondern, daß Sie den Inhalt des Textes wiedergeben mussen. Schreiben Sie nichts, was Sie nicht im Text finden.

Notieren Sie die Kernaussagen auf die sich die Frage bezieht oder markieren Sie sie im Text:

la gêne que les animaux domestiques provoquent;
l'impunité de leurs maîtres;
la folie douce des amoureux de leurs bêtes;
la désinvolture grandissante; p.e. c'est la faute du victime si un chien se précipite sur lui; les maîtres passent plus de temps avec leurs bêtes qu'avec des enfants et sont plus inquiets de leur bien-être;

Aus diesen inhaltlichen Punkten wird die Beantwortung der Frage formuliert.

Antwort mit eigenen Worten formulieren

> **Wichtig:**
> Die Antwort darf nicht die Wendungen des Textes enthalten. Es ist nach Synonymen und Paraphrasen zu suchen.

la gêne	– l'embarras, le désagrément, les ennuis
l'impunité des propriétaires	– les maîtres ne sont pas considérés comme responsables; on ne les rend pas responsables; on fait comme si ce n'était pas de leur faute; on ne les punit pas
la désinvolture	– l'impertinence, leur attitude impertinente, leur manque de bon sens
c'est de ma faute	– c'est moi qui suis responsable; c'est moi qui fais une faute
les chiens et les chats sont mieux traités que les enfants	– on a plus d'égards pour les animaux que pour les enfants; on les respecte plus que les enfants; on les préfère aux enfants
leurs maîtres passent plus de temps avec eux	– ils leurs consacrent plus de temps; ils s'occupent plus d'eux
ils semblent plus inquiets de leur bien-être	– ils se soucient plus de leur bonheur

abwechslungsreiche Formulierungen

> **Wichtig:**
> Wiederholen Sie sich nicht inhaltlich und bemühen Sie sich um komplexe, aber nicht zu komplizierte Sätze und um sprachliche Variationen.

Praktische Hinweise zur sprachlichen Gestaltung finden Sie im Kapitel zum Commentaire Personnel.

Folgende Vokabeln und Wendungen können Ihnen beim Beantworten der Fragen helfen:

d'après/selon le texte, selon les auteurs	– im Text steht, daß; nach Ansicht des Verfasser
donner le droit à qn de faire qc	– jmdn. das Recht geben/erlauben, etw. zu tun
ne pas empêcher qn de faire qc	– jmdn. nicht daran hindern, etw. zu tun

cela s'explique par le fait que; cela a pour cause que, la raison en est que;	– der Grund dafür ist …
les autorités	– die Behörden
attribuer/attacher la faute à qn	– jmdm. die Schuld zuschreiben
l'amour exagéré des bêtes	– die übertriebene Tierliebe

Lösungsvorschlag

Selon les auteurs du texte, les réactions négatives contre les maîtres d'animaux domestiques ont pour cause qu' ils empêchent de moins en moins leurs bêtes de gêner les gens. Il arrive même qu'un propriétaire attache la faute aux parents si leur enfant se fait menacer par un chien. Les réactions s'expliquent donc par le fait que beaucoup de gens exagèrent de plus en plus leur amour des bêtes. Préférant les animaux aux enfants, ils leur consacrent plus de temps et se soucient plus de leur bonheur.

Damit ist die Frage umfassend beantwortet. Alle weiteren Informationen des Textes, z.B. die Gründe für diese übertriebene Tierliebe beziehen sich nicht mehr auf diese Frage.

Frage nach der literarischen Technik

Aufgabe:
Commentez la façon dont les auteurs introduisent leur sujet au premier paragraphe.

Textgestaltung und Autorenintention

Diese Aufgabenstellung bezieht sich nicht, wie im vorhergehenden Beispiel, auf den Inhalt eines Textabschnittes, sondern auf dessen Gestaltung. Sie werden aufgefordert, die literarische Technik aufzuzeigen und zu kommentieren. Das heißt, Sie sollen sich Gedanken machen, welche Wirkung diese Gestaltung auf den Leser hat und welche Absichten der Verfasser damit verfolgt.

Die Autoren unseres Textes beginnen mit dem Zitat eines Politikers, das einen Mißstand beklagt, dabei aber nicht verrät, welcher Mißstand gemeint ist.

Dieses Unwissen veranlaßt den Leser, Vermutungen anzustellen Seine Neugierde und sein Interesse am weiteren Inhalt des Textes sind damit geweckt. Diese Art der Textgestaltung ist viel besser geeignet, Spannung zu erzeugen und Interesse zu wecken als eine rein sachliche Information. Das wörtliche Zitat eines Politikers, also eines wichtigen Mannes, verleiht dem Inhalt Bedeutung, macht die Situation lebendig und authentisch und versetzt den Leser direkt ins Geschehen.

> Machen Sie sich kurze Notizen über die Besonderheiten des Textes und über deren Wirkung auf den Leser.

Besonderheiten:
- wörtliches Zitat.
- Schilderung einer Szene, ohne daß der Leser in das Geschehen eingeführt und über die Umstände informiert ist.
- die entscheidende Information erfolgt erst ganz zum Schluß und steht im Kontrast zur vorhergehenden Schilderung.

Wirkung auf den Leser:

Verschweigen des eigentlichen Gegenstandes	– erweckt Neugierde; veranlaßt den Leser mitzudenken; erhöht die Spannung
direkte Rede	– macht die Situation lebendig; verleiht dem Text Glaubwürdigkeit
Nennung der entscheidenden, im Kontrast zum vorhergehenden Sachverhalt stehenden Information am Schluß des Abschnitts	– verursacht Erstaunen und erzeugt Interesse für den weiteren Inhalt des Textes

Folgende Ausdrücke können Ihnen bei der Beschreibung der Textgestaltung helfen:

la citation	– das Zitat
citer	– zitieren
au discours direct	– in direkter Rede
l'action se passe/ se déroule à/dans	– die Handlung spielt sich ab in ...
la formule	– der Ausdruck, die Wendung
l'auteur ne dit pas de quoi il s'agit	– der Autor sagt nicht, worum es sich handelt
sans que l'auteur dise de quoi il s'agit	– ohne daß der Autor sagt, worum es sich handelt
sans que le lecteur sache de quoi il s'agit	– ohne daß der Leser weiß, worum es sich handelt
l'auteur décrit une scène/une situation	– der Autor beschreibt eine Szene/eine Situation

la description	– die Beschreibung
donner l'information essentielle/la plus importante à la fin	– die wichtigste/wesentlichste Information am Schluß geben
ne dire qu'à la fin du paragraphe de quoi il s'agit	– erst am Ende des Abschnitts sagen, worum es geht
susciter l'intérêt du lecteur	– beim Leser Interesse wecken
intensifier la tension	– die Spannung erhöhen
l'auteur amène le lecteur à faire des spéculations sur qc	– der Verfasser läßt den Leser, Vermutungen anzustellen
l'auteur donne un caractère authentique/original au texte	– der Autor verleiht dem Text Glaubwürdigkeit/Echthei;
il rend la situation vivante	– er macht die Situation lebendig
l'intention de l'auteur est de …	– die Absicht des Autors ist …
produire un effet de surprise/de choc	– den Leser überraschen, schockieren
l'auteur s'adresse au lecteur	– der Autor wendet sich an den Leser
l'auteur amène le lecteur à s'imaginer la situation	– der Autor veranlaßt den Leser, sich die Situation vorzustellen
constituer l'introduction	– als Einleitung dienen
en tête du texte	– am Anfang des Textes
s'attendre à qc	– auf etwas gefaßt sein
contraster avec qc	– im Kontrast stehen zu …

Lösungsvorschlag

Le premier paragraphe constitue l'introduction de ce texte. En tête, les auteurs citent au discours direct un élu d'arrondissement parisien. Celui-ci parle de quelque chose d'inquiétant, qui fait objet de nombreuses plaintes, sans que le lecteur sache de quoi il s'agit. Comme il ignore le sujet de la citation, il est amené à faire des spéculations. Le discours direct rend la situation plus vivante et donne un caractère authentique au texte. Le lecteur est amené à s'imaginer la situation.
En disant ensuite de quoi il ne s'agit pas, les auteurs montrent indirectement la portée du problème.
En donnant l'information essentielle, la réponse à la question que le lecteur se pose, à la fin du paragraphe, les auteurs accroissent la tension et produisent un effet de surprise sur le lecteur, puisqu'il s'agit de quelque chose à quoi il ne s'est pas attendu.
L'intention des auteurs est de susciter l'intérêt du lecteur et de rendre leur texte plus captivant. Après avoir lu cette introduction, le lecteur lira la suite avec grand intérêt.

Aufforderung, den Text zusammenzufassen

Aufgabe:

Résumez le texte entier.

> Das Wichtigste beim Résumé ist, daß Sie Wesentliches von Unwesentlichem unterscheiden.

Kernaussage in einer Einleitung wiedergeben

Bevor Sie beginnen, den Inhalt des gesamten Textes zusammenzufassen, schreiben Sie eine Art Einleitung, in der Sie den Leser darüber informieren, worum es überhaupt geht. Achten Sie dabei besonders auf die Überschrift.

> In der Einleitung des Résumé müssen der Autor, der Titel, das Thema und evtl. Zeit, Ort und Hauptpersonen der Handlung genannt werden

Ausdrücke, die Ihnen dabei nützen:

l'auteur de ce texte est …	– der Autor des Textes ist …
l'article a été ecrit par …	– der Artikel wurde von … geschrieben
le texte est tiré d'un article paru en janvier 1990 dans l'Express	– der Text ist ein Auszug aus einem Artikel, der im Januar 1990 im Express erschienen ist
le texte a pour titre, est intitulé, s'intitule …	– der Text hat den Titel, die Überschrift …
l'auteur a publié un article sous le titre de …	– der Autor hat einen Artikel mit der Überschrift … veröffentlicht
le texte traite de, dans le texte il s'agit de …	– in dem Text geht es um …
les auteurs abordent le thème de/le problème de …	– die Autoren behandeln das Thema/das Problem
les protagonistes sont	– die Hauptpersonen sind …

Beispiel:

Eric Conan et Luc Ferry, les auteurs de l'article qui a pour titre „Les amis des bêtes deviennent-ils cinglés?", publié dans l'Express en janvier 1990, abordent le thème de l'amour exagéré des animaux et ses conséquences.

Nachdem Sie in der Einleitung den Leser über die wichtigsten Punkte informiert haben, geben Sie den Inhalt des Textes wieder.

> Im Résumé müssen alle wichtigen Informationen so knapp wie möglich wiederge geben werden. Es darf keine wörtliche Rede und keine veranschaulichenden oder ausschmuckenden Beispiele enthalten. Die Formulierungen des Textes dürfen nicht verwendet werden.

Filtern Sie Abschnitt für Abschnitt jeweils die wichtigsten Informationen des Textes heraus. Markieren oder notieren Sie die Kernsätze und suchen Sie nach Synonymen und Paraphrasen:

wichtigste Punkte des Textes festhalten

Abschnitt 1:
De plus en plus d'incidents de plaintes concernant le dossier des chiens en ville

Abschnitt 2:
Ces réactions s'expliquent par la gêne que les animaux domestiques provoquent, l'impunité dont leurs propriétaires bénéficient, la folie douce que saisit bon nombre d'amoureux de leurs bêtes ... une désinvolture. De plus en plus de chiens et de chats sont mieux traités que les enfants.

Abschnitt 3:
Les animaux familiers sont tels que l'on voudrait que les enfants soient.

Abschnitt 4:
La frontière entre l'homme et l'animal devient plus floue. Les groupes antivivisectionnistes réclament qu'on expérimente sur „les foetus, les détenus et les immigrés".

Abschnitt 5:
La nécessité absolue de ce sacrifice; les expériences sur les animaux

Abschnitt 6:
Le sens de la dignité de l'homme, sa culture lui imposent le devoir de ne pas faire souffrir gratuitement ces „êtres sensibles". Mais il faut aussi connaître les limites qui séparent l'homme de l'animal.

Die der Veranschaulichung dienenden Beispiele im Abschnitt 2 dürfen nicht in das Résumé aufgenommen werden.

Nachdem Sie die wichtigsten Informationen erfaßt haben, sollten Sie nach Synonymen und Paraphrasen suchen, um den Inhalt mit Ihren eigenen Worten wiedergeben zu können:

Abschnitt 1:

de plus en plus d'incidents de plaintes concernant le dossier des chiens en ville	– De plus en plus de gens se plaignent du comportement des chiens dans les rues. Celui-ci est la cause de plus en plus de plaintes

Abschnitt 2:

Ces réactions s'expliquent par la gêne que les animaux domestiques provoquent	– Ces réactions ont pour cause; la raison en est – le comportement désagréable/ennuyeux des animaux; les ennuis que les animaux causent/font
l'impunité dont leurs propriétaires bénéficient	– le fait que leurs maîtres ne sont pas punis, qu'on ne les rend pas responsables, qu'on ne les considère pas comme responsables, qu'on ne les punit pas
la folie douce qui saisit bon nombre d'amoureux de leurs bêtes	– l'amour exagéré que portent beaucoup de propriétaires à leurs animaux
une désinvolture	– l'impertinence une attitude impertinente
les chiens et les enfants	– On préfère les animaux aux enfants; on les respecte plus

Abschnitt 3:

Les animaux familiers sont tel que l'on voudrait que les enfants soient	– Pour eux, les animaux sont des enfants idéaux; ils leur remplacent des enfants idéaux

Abschnitt 4:

La frontière entre l'homme et l'animal devient plus floue	– on fait de moins en moins de différences entre les animaux et les êtres humains; on les considère de plus en plus comme égaux aux êtres humains

Abschnitt 5:
Les groupes antivivisectionnistes réclament qu'on expérimente sur „les foetus, les détenus et les immigrés"	– Il y en a quelques-uns qui exigent qu'on remplace des experiences animales par des expériences humaines, qu'on expérimente sur des êtres humains plutôt que sur les bêtes

Abschnitt 6:
le sens de la dignité de l'homme … lui imposent le devoir de ne pas faire souffrir gratuitement ces êtres sensibles	– il faut respecter leur sensibilité; il faut se rendre compte/considérer que ce sont des êtres sensibles, qu'ils sont capables de souffrir
il faut connaître les limites qui séparent l'homme et l'animal	– il faut faire une différence nette entre les êtres humains et les bêtes; il ne faut pas leur attacher la même importance qu'aux hommes

Denken Sie daran, die einzelnen Aspekte miteinander zu verbinden.

Kernaussagen logisch miteinander verknüpfen

Lösungsvorschlag

Eric Conan et Luc Ferry, les auteurs de cet article, qui a pour titre „Les amis des bêtes deviennent-ils cinglés?", publié dans l'Express en janvier 1990, abordent le thème de l'amour exagéré des animaux et ses conséquences.

D'abord, ils constatent que de plus en plus de gens se plaignent du comportement ennuyeux des animaux domestiques, surtout des chiens. Ils disent que cela a pour cause que les propriétaires d'animaux, pris par un amour exagéré, les laissent faire tout, de manière impertinente, sans être punis. Ils préfèrent les animaux aux enfants puisqu' ils leur remplacent des enfants idéaux, qui n'existent pas dans la vie réelle.

Les auteurs remarquent le phénomène qu'on fait de moins en moins de différence entre les êtres humains et les animaux, de sorte que quelques-uns des amis des bêtes exigent qu'on remplace les expériences animales par des expériences humaines.

Enfin, les auteurs prennent position sur le sujet du texte. A leur avis, il faut, tout en respectant la sensibilité d'une bête, quand même faire une différence nette entre l'homme et l'animal.

35

2.3 Übung

Famille, je ne vous hais pas

Cécile contemple pensivement le torchon à poussière qui pend au bout de ses doigts: „Vous croyez que c'est facile d'avoir 20 ans?" En 1979, elle a quitté sa province, et sa famille, pour suivre à Paris des études de langues. Elle fait des ménages et garde des enfants, pour payer le loyer de sa chambre. Libre comme l'air, elle peut sortir, vivre à
5 sa guise. „Je suis plutôt paumée", dit-elle.

Les études? „A quoi vont-elles me mener?" L'avenir? „J'ai plein de projets, mais pas un qui soit réaliste." Les copains? „J'en ai, pourtant je crève de solitude." Dès qu'elle le peut, Cécile retourne chez ses parnets: „Ils ne sont pas géniaux, dit-elle, mais je les aime bien. Et puis, ils m'enracinent ..."

10 Un cas, Cécile? Pas vraiment. Une très surprenante enquête de l'Institut nationale d'études démographiques (INED) révèle que la moitié des jeunes de 18 à 25 ans habitent chez leurs parents. Si l'on exclut les gens mariés, les chiffres sont encore plus spectaculaires: entre 18 et 24 ans, les trois quarts des célibataires vivent chez Papa-Maman.

15 Encore un mythe qui s'effondre: le conflit des générations n'est plus ce qu'on croyait. „La situation de l'emploi suscite sûrement des rivalités grinçantes, au sein de l'entreprise, entre jeunes diplomés juste sortis de l'école et anciens travailleurs parvenus aux mêmes postes à l'ancienneté", explique Catherine Gokalp, qui a dirigé l'enquête de l'INED. Mais, en famille, les deux générations cohabitent sans trop de heurts. Tout se
20 passe comme si la crise économique resserrait la famille. Elle fait naître des préoccupations communes: la peur du chômage n'est réservée ni aux adultes ni aux jeunes. Surtout, elle crée un mode de consommation commun: plus de la moitié des jeunes travailleurs épargnent, et cet argent est moins souvent destiné à la moto ou aux voyages qu'à s'installer et à prévoir l'avenir. „L'indépendance, quand on est chômeur,
25 étudiant, ou même jeune travailleur, cela coûte cher."

La plupart des jeunes n'ont pas envie de fuir. Avec leurs parents, ce n'est pas forcément l'amour fou: plutôt un contrat de confiance. „Quand je ne rentre pas dormir, un coup de fil à ma mère, et c'est réglé", dit Thierry. Les jeunes font peu de confidences à leurs parents, mais ils les consultent très souvent lorsqu'ils ont une décision impor-
30 tante à prendre. Et ils ne les rendent pas responsables de leurs échecs.

Miracle de la majorité à 18 ans? Les parents ont changé. Ils ont appris la tolérance et respectent à peu près les choix de leurs rejetons: ils les traitent en adultes. Trop, parfois. A parents modernes, principes modernes: „A 18 ans, un enfant doit être indépendant", a déclaré la mère de Vincent. „Ah bon?", a répliqué tristement le garçon. A
35 l'issue d'une conférence, un garçon est venu voir Catherine Gokalp: „Vous n'avez pas parlé de mon cas. Le jour de mes 18 ans, ce n'est pas moi qui suis parti, c'est ma mère. „Puisque tu as ta majorité, m'a-t-elle dit, je vais enfin pouvoir vivre ma vie!"

Jacqueline Remy, „Famille, je ne vous hais pas", L'EXPRESS, 19 février 1982

Questions

1. Expliquez le sens, dans le contexte, de l'expression „ils m'enracinent". (l. 9)
2. Pourquoi les deux premiers paragraphes introduisent-ils bien le sujet traité dans cet article?
3. Résumez le texte entier.

Lösungsvorschlag

1. Cécile, qui ne vit pas chez ses parents parce qu'elle fait des études n'est pas contente de son indépendance. La vie est dure pour elle parce qu'elle doit travailler pour gagner sa vie. Se sentant seule quoiqu'elle ait des amis, elle désire retouner chez sa famille aussi souvent que possible. Celle-ci lui donne de la chaleur, du réconfort, de la sécurité économique et de la confiance. Elle se sent à son aise dans sa famille parce qu'elle sait qu'elle en fait partie. La famille l'empêche de se trouver seule et rejetée.

2. Dans la première phrase l'auteur décrit une scène où une jeune fille est en train de faire le ménage. D'après ce que Cécile, cette jeune fille, dit ensuite, il est évident qu'elle n'est pas heureuse, mais l'auteur ne dit pas tout de suite pourquoi. Comme cela l'intérêt du lecteur est suscité.
   Aprés, Jacqueline Remy, l'auteur de cet article, continue à citer la jeune fille de temps en temps au discours direct. Ces citations alternent avec des explications données par l'auteur, concernant la situation de vie de cette jeune fille. Ce que Cécile dit contraste avec ce qu'on croirait d'après les explications de l'auteur. Par exemple: „Libre comme l'air, elle peut sortir, vivre à sa guise. ‚Je suis plutôt paumée,' dit elle." Cécile exprime qu'elle est malheureuse alors que le lecteur est amené à penser qu'elle devrait être contente de son indépendance.
   Un effet de surprise sur le lecteur, et par l'emploi du discours direct, qui donne de l'originalité au texte et qui rend la situation vivante.

3. Jacqueline Remy, l'auteur de ce texte, qui est intitulé „Famille, je ne vous hais pas", publié dans l'Express en février 1982 aborde le thème du conflit des générations, qui, d'après elle, n'existe plus autant qu'on croirait.
   Elle dit que les jeunes se sentent plutot déracinés et malheureux dès qu'ils quittent leurs familles, ce qu'ils font souvent malgré eux. La plupart des jeunes célibataires vivent chez leurs parents. D'après une étude, la raison en est que la situation économique plus difficile ces derniers temps, amène les familles à rester ensemble parce que d'une part on peut mieux faire des économies et que d'autre part, la chaleur de la famille contre-balance la concurrence brutale du marché du travail.
   Jacqueline Remy dit que cela ne veut pas dire que les parents et leurs enfants adolescents s'aiment beaucoup, mais qu'ils arrivent à vivre ensemble sans provoquer de conflits ce qui a aussi pour cause que les parents d'aujourd'hui sont plus tolérants.
   Dans le dernier paragraphe l'auteur résume la situation en donnant un exemple stupéfiant. Elle dit qu'il arrive que ce ne soient pas les jeunes qui déménagent, à la recherche de leur indépendance, mais que les parents quittent la maison pour être libres.

3. Commentaire Personnel

3.1 Musteraufgabe

Laissez-les regarder la télé!

Trente ans après l'apparition de la télévision, la guerre continue à l'intérieur des foyers. Tout le monde le dit: le petit écran, c'est l'opium des enfants. Il bêtifie, ramollit, terrifie, traumatise. Les profs le rendent responsables de l'échec scolaire. Les parents lui attribuent le malaise familial. Les médecins y voient la cause de l'obésité, de la délin-
5 quance. Et pourquoi pas? de la drogue.

Et voilà qu'un jeune universitaire, Francois Mariet, professeur à Paris Dauphine, spécialiste des médias, met les pieds dans le plat. Son crime: une formule, un titre: „Laissez-les regarder la télé."

Il n'y va pas de main morte(1): „Deux enfants sur trois regardent la télévision tous les
10 jours. Le véritable scandale que recèle cette statistique, c'est qu'un enfant sur trois ne regarde pas chaque jour un peu de télévision. Est-il meilleure gymnastique intellectuelle que de lire, puis d'apprendre sa leçon de physique tout en regardant le „Top 50"? On entend déjà les cris indignés des parents. La polémique sera chaude. Francois Mariet développe une argumentation choc.

15 Messieurs les parents, cessez de jouer les censeurs: vous perdrez la guerre. „Dans certaines familles, la télévision est l'objet d'une guérilla permanente de la part des enfants. Or elle s'est banalisée. Elle est à portée de la main, comme l'eau courante ou l'éléctricité. (...) Souvenez-vous de la radio et préparez calmement le déferlement de la télé baldeuse (2)." La révolution a déjà commencé. Selon une récente enquête, 23%
20 des 8-10 ans avalent leur chocolat du matin devant le poste. „Les enfants n'imaginent même pas un monde sans télé!" insiste François Mariet. Dans ces conditions, les parents téléphobes (3) sont, selon lui, en retard d'une guerre (4).

Il n'y a pas que des nullités à la télévision. On peut y apprendre plein de choses. Entre „l'Odyssée sous-marine du commandant Cousteau", „Apostrophes" (5), les pièces de
25 Shakespeare ou les documents animaliers, chacun peut se fabriquer une grille de programmes d'excellente qualité. Le journal télévisé apporte à ses fidèles une mosaïque d'informations dont ils retiennent au moins quelques miettes. „La culture télévisée est tout aussi riche que le savoir académique, plus élitiste", estime Maryvonne Lécuyer, de l'association „Audiovisuel pour tous dans l'éducation".

30 Les jeunes téléphiles ont inventé une nouvelle manière de regarder le petit écran. Pour François Mariet, il est faux d'affirmer que les gamins passent trop d'heures enchaînés au poste. Car, selon un sondage, 70 % des enfants se livrent à d'autres activités en même temps. Un sur quatre fait même ses devoirs. Un comble! Mais cela ne surprend pas François Mariet: „Nous n'arrivons pas à imaginer comment, ni avec quelle dex-
35 térité, ils regardent la télévision tout en faisant mille autres choses."

Le débat autour de la violence? Un faux problème! „C'est la société qui est violente. N'en rendons pas responsable la télévision. D'ailleurs, dans ce domaine, on n'a jamais rien démontré", écrit François Mariet. C'est, sans doute, l'aspect le plus contestable de son ouvrage.

40 François Mariet, dans son livre, fait preuve d'une confiance quasi aveugle envers les enfants (il est vrai qu'il n'en a pas). Pour la plupart des spécialistes, sa vision ultra-libérale - „laisser faire, laisser aller" - d'un monde où les gamins seraient aussi responsables que les adultes est d'une incroyable naiveté. Mais en tout cas, il a le mérite de bousculer (6) des idées reçues.

Marc Epstein et Marie-Laure de Léotard, L'EXPRESS, 17 mars 1989

Explications

(1) Il n'y va pas de main morte: Il n'a pas peur de choquer les lecteurs.
(2) La télé baladeuse: allusion au mot français pour „le walkman": le baladeur
(3) téléphobe: qui est contre la télévision
(4) être en retard d'une guerre: ici: se battre pour une cause perdue
(5) Apostrophes: émission littéraire très populaire
(6) bousculer: ici: remettre en question

3.2 Systematische Bearbeitung der Aufgabe

Im Gegensatz zum Commentaire de Texte beziehen sich die Fragen des Commentaire Personnel nicht unmittelbar auf den Text. Sie betreffen das Thema des Textes und nicht dessen genauen Inhalt. Der Text selbst kann aber bei der Suche nach Argumenten hilfreich sein, wenn man ihn als sachliche Informationsquelle benutzt.

Da die Bearbeitung der Fragen des Commentaire de Texte dem Abfassen des Commentaire Personnel vorangeht, haben Sie sich bereits mit der Thematik des Textes vertraut gemacht.

3.2.1 Erfassen der Frage

> Wichtig ist, daß Sie die Frage des Commentaire Personnel genau erfassen, nur auf diese Frage antworten und sich nicht über alles mögliche äußern, das Ihnen zu diesem Thema einfällt.

Fragestellung beachten

Frage:
Croyez-vous qu'un enfant dont les parents n'ont pas la télévision soit défavorisé dans notre société?

Diese Frage bezieht sich nur auf die Kinder und nicht auf die Vor- und Nachteile des Fernsehens allgemein.

Konzept

> Ein geordneter, logischer Gedankengang ist, was die inhaltliche Seite betrifft, das Wichtigste beim Commentaire Personnel.

logische Argumentation

Dabei spielt es keine Rolle, welche Ansicht Sie vertreten. Sie müssen Ihre Argumentation nur gut präsentieren und begründen. Machen Sie sich zunächst ein grobes Konzept, das Sie nach und nach mit Details auffüllen.

Ein solches Konzept ist:
1. Einleitung
2. Argumentation
   a) Vorteile
   b) Nachteile (oder umgekehrt)
3. persönliche Stellungnahme

3.2.2 Einleitung

zum Thema hinführen

Um nicht „mit der Tür ins Haus zu fallen", wird in der Einleitung das Thema der Frage noch einmal kurz umrissen. Sie hat die Aufgabe, den Leser zum Thema hinzuführen.

In unserem Beispiel enthält die Frage die Hypothese, daß Kinder, die ohne Fernseher aufwachsen, möglicherweise benachteiligt sind. Der Zusatz „in unserer Gesellschaft" impliziert, daß solche Kinder in der Minderheit sind, eine Tatsache, die man schon im Text erfahren hat.

Beispiel:
Aujourd'hui, la plupart des enfants passent un certain temps devant l'écran de télévision, tous les jours. Et pourtant, il y a quelques familles qui, pour une raison quelconque n'ont pas la télévision. Leurs enfants grandissent donc autrement que la plupart de leur camarades.

Damit ist die Einleitung abgeschlossen. Sie enthält noch keinerlei Wertung, sondern nur die sachliche Feststellung, daß solche Kinder anders aufwachsen.

3.2.3 Argumentation

Nun kommt die Diskussion, ob ein fehlender Fernseher ein Vorteil oder ein Nachteil für Kinder ist.

Beginnen Sie mit einer Stoffsammlung:

Beziehen Sie auch hier nicht sofort Stellung, sondern nennen Sie zunächst mögliche Vor- und Nachteile des Fernsehens. Sollten Ihnen nicht genügend Argumente einfallen, dann lesen Sie noch einmal den Text, der bereits eine ganze Reihe enthält. Markieren Sie die entsprechenden Stellen im Text oder machen Sie sich Notizen.

Argumente sammeln

Argumente im Text:

Le petit écran, c'est l'opium des enfants. Il bêtifie, ramollit, terrifie, traumatise. Les profs le rendent responsable de l'échec scolaire. Les parents lui attribuent le malaise familial. Les médecins y voient la cause de l'obésité, de la délinquance. Et pourquoi pas? de la drogue. (l. 2-5)
Il n'y a pas que des nullités à la télévision. On peut y apprendre plein de choses. (l. 23)

Die weiteren Ausführungen von François Mariet sind dessen persönliche Stellungnahme, z.B., daß es kein Nachteil ist, wenn sich Kinder zugleich mit Fernsehen und anderen Dingen beschäftigen (l. 30-35) oder, daß nicht das Fernsehen Gewalt erzeugt, sondern die Gesellschaft (l. 36-38). Dies kann Ihnen als Anregung für Ihre persönliche Meinungsbildung dienen, zählt aber nicht zu den Argumenten.

Nachdem Sie die Argumente im Text gesammelt haben, fügen Sie möglichst auf Französisch noch eigene hinzu, beispielsweise:

- la télévision cause parfois des maladies
- un enfant qui n'a pas la télévision s'ennuie
- il diffère trop des autres

Fassen Sie nun alle Argumente stichpunktartig zusammen und ordnen Sie sie nach Vor- und Nachteilen. Verwenden Sie bereits hier Ihre eigenen Worte und nicht die Formulierungen des Textes:

Argumente auswählen und ordnen

Nachteile:

- la télévison, c'est la drogue
- elle a une mauvaise influence sur l'intelligence
- elle rend les enfants moins énergiques
- elle les rend aggressifs, même criminels
- elle a un effet défavorable à la vie familiale

- elle est mauvaise pour la santé
- elle empêche les enfants de travailler suffisamment pour l'école

Vorteile:
- la télévision est un bon professeur
- elle est un bon baby-sitter
- elle renforce la communauté des enfants

Um Wiederholungen zu vermeiden können Sie Synonyme und Paraphrasen verwenden:

l'écran, c'est l'opium des enfants	– la télévision, c'est la drogue; les enfants ne sont plus capables d'y renoncer, de s'en passer, ils ne se donnent plus à d'autres activités
la télévision bêtifie	– elle n'est pas favorable au développement intellectuel de l'enfant; elle a une mauvaise influence sur son intelligence; Bsp.: les enfants lisent moins
elle ramollit	– elle rend les enfants moins énergiques; ils ont moins d'initiative, ils sont plus passifs
la télévision terrifie	– elle cause des craintes; les enfants sont moins équilibrés
elle traumatise	– elle cause des cauchemars
elle cause le malaise	– elle détruit la communauté familiale; elle a une mauvaise influence sur la vie familiale; il y a plus de disputes dans les familles
elle cause de l'obésité	– elle fait les grossir enfants; elle a une mauvaise influence sur leur santé; elle les empêche de bouger suffisamment
elle cause la délinquance	– elle rend les enfants aggressifs, violents, criminels
elle cause l'échec	– elle empêche les enfants de travailler bien/suffisamment pour l'école
elle est un bon baby-sitter	– elle empêche les enfants de s'ennuyer, de faire des bêtises
on peut y apprendre plein de choses	– elle est très informative; elle ouvre de nouveaux horizons; la télévision, c'est l'école; elle est un bon professeur; les enfants connaissent plus de choses; un enfant qui n'a pas la télévision est plus naif; il est moins au courant
la télévision renforce la communauté des enfants	– elle donne des intérêts communs aux enfants; un enfant qui n'a pas la télévision reste à part; il est isolé, exclu

Nun haben Sie genügend Argumente für den zweiten Teil des Commentaire Personnel gesammelt und können sich an die Niederschrift machen.

> Schreiben Sie Ihre Argumente in einer logischen Reihenfolge, nach Themen geordnet. Machen Sie keine Gedankensprünge. Trennen Sie deutlich nach befürwortenden und ablehnenden Argumenten und fügen Sie gelegentlich Beispiele hinzu.

Untermauern von Argumenten durch Beispiele

Befürwortende Argumente: ein Kind ohne Fernsehen ist beachteiligt:

Argument 1: der Fernseher als Baby-Sitter
Quand les enfants regardent la télévision ils ne s'ennuient pas. Ainsi ils n'ont pas envie de faire des bêtises. Cela a un effet positif sur la vie familiale parce que cela permet aux parents de se reposer ou de faire le ménage sans étre dérangés.

Beispiel:
Prenons le cas de mes cousines, par exemple: Tous les samedi-matins, leur mère leur permet de regarder la télévision parce qu'elle s'en va faire des courses. Pendant ce temps-là elle ne se soucie pas de ses enfants.

Argument 2: informativer Wert des Fernsehens
Il y a beaucoup d'émissions télévisées qui sont très informatives pour les enfants.

Beispiel :
Les émissions concernant des pays étrangers ou la nature, par exemple, leur ouvrent de nouveaux horizons. Les émissions de langues ou de mathématiques sont souvent meilleures que les leçons données à l'école parce qu'on les présente d'une manière plus intéressante et que l'écran même attire plus les enfants.

Argument 3: Kinder ohne Fernseher sind Außenseiter
Un enfant qui n'a pas la télévision ne connaît pas toutes les émissions que les autres regardent régulièrement. Il ne peut donc pas discuter avec eux sur ce sujet de sorte qu'il reste à part, qu'il est exclu.

Ablehnende Argumente: Kinder ohne Fernseher sind nicht benachteiligt:

Argument 1: Fernsehen macht dumm
D'autre part, il n'y a pas que des émissions qui instruisent les enfants. Celles qui les attirent le plus, ce sont de émissions d'un niveau intellectuel tellement primitif qu'elles ne sont pas favorables à leur développement intellectuel.

Beispiel:
Assurément des feuilletons américains comme Dallas ou des films policiers n'ont pas toujours une bonne influence sur leur intelligence.
Les enfants qui ont la télévision ne lisent presque pas et souvent pas du tout.

Argument 2: Fernsehen verursacht schulisches Scheitern
Préférant la télévision à l'école, les enfants ne travaillent pas assez ou dans une ambiance défavorable, c'est-à-dire, en regardant la télévision en même temps, de sorte qu'ils risquent d'échouer.

Argument 3: Fernsehen macht süchtig und passiv
Plus les enfants regardent la télévision, moins ils peuvent s'en passer de sorte qu'ils ne se donnent plus à d'autres activités et qu'ils sont de plus en plus passifs.

Argument 4: Fernsehen ist schlecht für die Gesundheit
La télévision n'est pas favorable à la santé des enfants. Ils ne bougent pas assez et mangent ce qu'ils voient dans les spots publicitaires, de sorte qu'ils grossissent. En plus, il leur manque souvent du sommeil.
Il arrive même que des enfants soient pris par une crise d'épilepsie à force de regarder la télévision. En ce qui concerne le psychique, ils sont confrontés au monde des adultes à un degré tel qu'ils ne peuvent pas toujours compendre. Par conséquent, ils dorment mal et font des cauchemars.
Il y a beaucoup d'enfants qui passent des après-midis entiers devant le poste, même quand il fait beau dehors, au lieu de sortir pour jouer ou pour faire du sport.

Argument 5: Fernsehen stört das Familienleben
En outre, la télévision a souvent une mauvaise influence sur la vie familiale. Il y a des disputes parce que les enfants ne veulent pas aller au lit à temps, ou bien, regardant la télévision pendant les repas aussi, on ne parle presque plus.

Argument 6: Fernsehen erzeugt Gewalt
Mais, ce qui me semble le plus inquiétant, c'est que les enfants, ayant tendance à imiter ce qu'ils voient, sont de plus en plus aggressifs à force de regarder la

télévision. Comme c'est surtout des types brutaux comme Rambo qu'ils prennent comme modèles, ils hésitent de moins en moins d'attaquer ses camarades, surtout ceux qui sont moins forts qu'eux.

> Nennen Sie das Argument, das Ihnen persönlich am wichtigsten erscheint, zuletzt, um eine gute Überleitung zu Ihrer persönlichen Stellungnahme zu haben.

Argumente ihrer Wichtigkeit nach ordnen

3.2.4 Persönliche Stellungnahme

Jetzt erst, nachdem Sie für beide Standpunkte Argumente genannt haben, dürfen Sie Ihre persönliche Meinung äußern. Verlieren Sie dabei die genaue Fragestellung nicht aus den Augen. In diesem Fall die Frage, ob sie glauben, daß Kinder ohne Fernseher in unserer Gesellschaft benachteiligt sind.

> Ihr persönlicher Standpunkt muß sich logisch aus den vorher angeführten Argumenten ergeben, wobei das von Ihnen zuletzt genannte eine große Rolle spielt. Entsprechend Ihrer Gewichtung von Vor- und Nachteilen nehmen Sie Stellung. Der letzte Teil des Commentaire Personnel ist eine Art Fazit. Beschränken Sie sich nicht darauf, Ihre Meinung zu äußern, sondern begründen Sie sie auch.

persönliche Stellungnahme mit Begründung

Das kann etwa folgendermaßen geschehen:

A mon avis, un enfant dont les parents n'ont pas la télévision n'est pas défavorisé parce que les inconvénients en sont plus grands que les avantages. La valeur informative de la télévision est moins importante que son effet destructif.

Um Ihren Standpunkt zu untermauern, können Sie mögliche Einwände vorwegnehmen und widerlegen:

Ce qui pourrait apporter des problèmes à un enfant qui n'a pas la télévision, c'est qu'il est exclu d'une certaine façon. Mais d'autre part, comme il n'est pas confronté avec des évènements qu'il ne peut pas comprendre, il est plus équilibré et plus fort que ses camarades, c'est-à-dire, capable de supporter des situations stressantes et frustrantes.

> Machen Sie Ihre gedankliche Ordnung auch in der äußeren Form erkennbar, indem Sie Einleitung, Hauptteil und Schluß voneinander absetzen. Auch bei jedem neuen Aspekt sollten Sie mit einer neuen Zeile beginnen.

Das hier behandelte Beispiel ist sehr ausführlich und umfassend. Da Sie nicht so viel schreiben müssen, können Sie sich auf wenige Argumente beschränken, wobei Sie Ihren Schwerpunkt auf einen bestimmten Aspekt legen sollten.

Lösungsvorschläge mit verschiedenen Schwerpunkten

Schwerpunkt 1: destruktiver Einfluß des Fernsehens auf Gesundheit, Schule und Familienleben

Tandis qu'il y a la télévision dans la plupart des familles, aujourd'hui, il y a toujours des enfants qui grandissent sans récepteur, c'est-à-dire, autrement que leurs camarades.

La télévision a certes des avantages en ce qui concerne les émissions d'une valeur pédagogique, celles qui donnent des informations sur des pays étrangers, des documents animaliers, ou des émissions qui enseignent une langue, par exemple. Mais, c'est les émissions dans lesquelles la violence joue un grand rôle et qui passent tard le soir, qui attirent le plus les enfants. Par conséquent ils dorment mal, ils ne travaillent pas assez pour l'école et ils sont plus aggressifs.

Je suis d'avis qu'un enfant dont les parents n'ont pas la télévision n'est pas défavorisé parce que l'influence nuisible en est plus grande que la valeur informative. Il se croit défavorisé, mais en réalité, il ne l'est pas.

Schwerpunkt 2: Freizeitbeschäftigungen, soziale Kontakte

Ajourd'hui, à l'époque des médias, il y a toujours une minorité de familles qui résistent à la télévision. Leurs enfants se croient défavorisés.
Tandis que leurs camarades s'amusent avec un bon film jusqu'à onze heures du soir, ceux qui n'ont pas la télévision s'ennuient.
Ils ne savent rien de ce que les autres racontent le lundi matin, à l'école; ils restent de côté, écoutant, sans rien comprendre.
D'autre part, ils connaissent des loisirs que les autres n'ont pas: le sport, la lecture, le bricolage, par exemple.
Dans ces familles, il n'y a pas de disputes quant à la télévision, et on prend les repas en se racontant plein de choses.

Pour ma part, je crois que ces enfants ne sont pas défavorisés parce qu'ils apprennent à s'occuper de choses plus créatives et qu'ils grandissent dans une ambiance qui est meilleure pour le corps et pour l'esprit.

3.2.5 Sonderform: Persönliche Frage

Nicht immer läßt sich das Schema Einleitung – Hauptteil mit Argumenten – Schluß genau einhalten. Das hängt von der Art der Fragestellung ab.

Bei einer Sie persönlich betreffenden Frage beispielsweise muß der Hauptteil anders gestaltet sein. Aber auch in einem solchen Fall muß es eine Einleitung und einen Schluß geben, und Ihre Gedanken sollten selbstverständlich logisch aufeinanderfolgen.

individuelle Antwort ohne allgemeine Diskussion

Frage:
Quel rôle la télévision joue-t-elle dans votre vie?

Einleitung:
Hier antworten Sie ganz grob auf die Ihnen gestellte Frage.

J'ai la télévision à la maison, mais je ne la regarde pas tous les jours.

Hauptteil:
Er beinhaltet eine Begründung und Wertung des Fernsehens.

La raison en est que, d'une part j'ai peu de temps, et d'autre part, quand j'ai le temps, les émissions ne m'intéressent pas toujours. Ce n'est que les actualités et les émissions sportives que je regarde régulièrement.

Parfois, je regrette que la qualité du programme soit si mauvaise parce que je trouve qu'au fond, la télévision est un bon moyen de se détendre. Les meilleurs films passent tellement tard que quelqu'un qui est obligé de se lever tôt, comme moi, n'a pas la possibilité de les voir.

Schluß:
Er sollte eine Art Zusammenfassung Ihrer vorangegangenen Argumentation sein.

Si le programme était meilleur ou si j'avais un magnétoscope, je passerais certainement plus de temps devant l'écran.

3.3 Sprache

Da Ihr Gedankengang logisch sein soll, müssen Sie über ein Repertoire von Ausdrücken verfügen, mit denen Sie eine Begründung, eine Folgerung, einen Gegensatz bzw. Ihren eigenen Standpunkt deutlich machen können.

Gedanken treffend formulieren

3.3.1 Nützliche Ausdrücke für den Commentaire Personnel

Ausdrücke, die der Begründung dienen:
    c'est pourquoi   pour cette raison
    c'est pour cela que   pour ces raisons
    parce que

Ausdrücke für eine Schlußfolgerung:
    donc   ainsi
    par conséquent   il en résulte que
    il s'ensuit que

Ausdrücke, die der Verstärkung dienen:
sicherlich:
    sans doute   assurément
    il est certain que   indiscutablement

zweifellos:
    sans aucun doute

es ist offensichtlich, daß:
    il saute aux yeux que   il est évident que

selbstverständlich:
    évidemment

Ausdrücke des Gegensatzes:
    d'une part - d'autre part
    d'un côté - de l'autre côté
    par contre; en revanche

einräumende Ausdrücke (zwar - aber):
    il est exact que + subjonctif - mais
    il est vrai que
    certes

Bezugnahme auf einen Sachverhalt:
    à propos de   quant à
    en ce qui concerne

Ausdrücke, die der Aufzählung dienen:
    d'abord
    tout d'abord
    en premier lieu
    de plus   en outre
    ensuite   par ailleurs
    en second lieu

    enfin   pour finir
    en dernier lieu

Anführen der persönlichen Meinung:

    je suis d'avis que ... à mon avis
    quant à moi, je pour ma part, je
    pense que ... crois que ...

Einführung von Beispielen:

    par exemple prenons le cas de
    considérons par exemple le cas de

Ausdrücke für eine Zusammenfassung:

    bref
    en résumé on peut dire que ...
    finalement on peut dire que ...

3.3.2 Verbesserung des eigenen Stils

> Das oberste Gebot bei der sprachlichen Gestaltung des Commentaire Personnel ist Klarheit und Verständlichkeit. Drücken Sie sich lieber einfach und richtig aus als - um einen guten Stil bemüht - kompliziert und falsch. Bilden Sie keine Schachtelsätze!

klarer und verständlicher Stil

Eine abwechslungsreiche Ausdrucksweise ist besser als ein monotoner Stil, vorausgesetzt Sie beachten einige einfache Regeln.

Folgendermaßen können Sie ohne großen Aufwand Ihren Stil verbessern:

Wortwahl

Sammeln Sie Synonyme, um Wortwiederholungen zu vermeiden.

Satzbau

Vermeiden Sie einen stereotypen Satzbau, indem Sie gelegentlich andere, gleichwertige Konstruktionen verwenden, wie zum Beispiel:

abwechslungsreicher Satzbau

- Mise en Relief (siehe Grammatikteil)
  Les parents sont responsables de leurs enfants.
  C'est les parents qui sont responsables de leurs enfants.
- Satzsegmentierung, d.h. Voranstellen eines Wortes oder Ausdruckes und Wiederaufnahme durch ein Pronomen.

> Je ne peux pas accepter cette attitude-là. Cette attitude-là, je ne peux pas l'accepter.
> Les enfants n'y sont pour rien (können nichts dafür). Les enfants, eux, n'y sont pour rien.

– Participe Présent anstelle von *parce que* oder anstelle eines Relativsatzes (siehe Grammatikteil)
> Les enfants font des cauchemars parce qu'ils regardent des émissions brutales.
> Regardant des émissions brutales les enfants font des cauchemars.
> Les enfants qui regardent la télévision sont plus aggressifs.
> Les enfants, regardant la télévision, sont plus aggressifs.

– Gérondif anstelle von *pendant que* oder *quand* (siehe Grammatikteil)
> Quand les enfants regardent des émissions culturelles ils apprennent plein de choses.
> En regardant des émissions culturelles les enfants apprennent plein de choses.

– rhetorische Fragen
> Mais cela ne veut pas dire qu'il soit nécessaire d'y renoncer tout à fait.
> Mais est-ce que cela veut dire qu'il soit nécessaire d'y renoncer tout à fait?

Wiederaufnahme von Konjunktionen

Werden Konjunktionen wie *comme, parce que, quand, pendant que, tandis que, bien que* an einer späteren Stelle des Satzes wiederaufgenommen, so erfolgt dies jedesmal durch *que:*

> Comme les enfants ne dorment pas assez et qu'ils font leurs devoirs en regardant la télévision en même temps, ils risquent d'échouer.
>
> Comme le programme ne m'intéresse pas et que j'ai peu de temps, je ne regarde presque pas la télévision.

3.3.3 Häufige Fehlerquellen

Endungen   —   Flexionsendungen nachprüfen

je veu**x**; il veu**t**; je croi**s**; il croi**t**;
ces mesures sont nécessaire**s**;
il les a rendu**s** plus fort**s**

Indicatif oder Subjonctif   —   auf richtigen Modus achten

je crois que	+ Indicatif
il paraît que	+ Indicatif
j'espère que	+ Indicatif Futur
je ne crois pas que	+ Subjonctif

Umgangssprache   —   angemessene Stilebene

Verwenden Sie keine Umgangssprache! Vokabular und Wendungen der gesprochenen Sprache sollten durch Schriftsprache ersetzt werden:

Schriftsprache	Umgangssprache
cela	ça
je ne peux pas	je peux pas
homme	mec
travail	boulot
enfant	gosse

Germanismen   —   divergente grammatische Strukturen

Folgende Ausdrücke bergen Fehlerquellen, da sie im Deutschen anders konstruiert werden als im Französischen:

die Frage, ob	– la question <u>de savoir</u> si
sich interessieren für	– s'intéresser à qc
an etwas interessiert sein	– être intéressé <u>par</u> qc
es interessiert mich, etwas zu tun	– il m'intéresse de faire qc
typisch sein für	– être typique <u>de</u>

Modalverben

Hüten Sie sich davor, in bestimmten Wendungen Modalverben wie *wollen* und *können* ins Französische zu übertragen.

der Autor will sagen, daß	–	l'auteur dit que
ich kann nicht behaupten, daß	–	je ne prétends pas que

Übersetzung des deutschen Infinitiv Passiv

Seien Sie vorsichtig beim Übersetzen des deutschen Infinitiv Passiv!

dies ist nicht zu vermeiden	–	cela ne peut pas être évité; c'est inévitable; il est impossible de l'éviter

ebenso:

das ist nicht zu ertragen	–	cela ne peut pas être supporté; c'est insupportable il est impossible de le supporter

Infinitivkonstruktionen in passivischer Bedeutung gibt es im Französischen nur in Verbindung mit Adjektiven:

c'est difficile à dire	–	das ist schwer zu sagen
c'est facile à faire	–	das ist leicht zu tun

3.4 Übung

Question

Grâce à la télévision par câble et par satellite le nombre de programmes a augmenté. Considérez-vous cela comme un avantage?

Lösungsvorschlag

Einleitung: Umreißen des Themas

Il n'y a pas longtemps qu'on ne pouvait pas voir plus de quatre ou cinq programmes à la télévision tandis qu'aujourd'hui on en a un choix beaucoup plus grand.

Argumentation:

D'un côté, on a la possibilité, aujourd'hui, de voir des programmes étrangers, en version originale, ce qui est un très bon moyen pour perfectionner ses connaissances en langues. En outre, il y a des chaînes exprès pour des émissions de culture.

Gegenargumente:

Mais, n'oublions pas que le nombre de telles chaînes est très petit. La qualité de la plupart des émissions par câble ou par satellite n'est pas bonne parce que la concurrence entre les différentes chaînes est énorme.

On montre surtout des films bon marché d'un niveau intellectuel très bas qui, en plus, attirent la plupart de la population, des films porno ou des feuilletons américains, par exemple. Il n'y a donc pas une grande différence entre les chaines ce qui veut dire que le choix n'est pas aussi grand qu'il paraît à première vue.

Mais, ce qui me semble vraiment inquiétant, c'est le fait que la télévision par câble ou par satellite nous permet de regarder la télévision nuit et jour. Cela constitue une grande tentation pour les jeunes. Ce n'est pas les films en version originale ou d'une valeur culturelle qui intéressent la plupart d'entre eux.

Fazit (persönliche Stellungnahme):

Pour ma part, je crois que cela dépend des gens si la télévision par câble ou par satellite est un avantage ou non. Pour quelques-uns qui profitent des émissions spéciales, oui, pour la plupart, qui ne sont pas capables de suivre un film en version originale, par exemple, non.

4. Version

4.1 Musteraufgabe

Traduisez le texte suivant.

Prendre des vacances à la ferme est devenu aujourd'hui chose courante. Vous désirez séjourner en Bretagne, en Alsace ou dans le Limousin? Vous serez toujours assuré, en louant un gîte rural, d'être à l'écart des plages surpeuplées, des stations standardisées et des loisirs collectifs qui sont de plus en plus la règle générale en cette période estivale.

Vous trouverez aussi dans les fermes un accueil chaleureux si vous voulez simplement passer une nuit en „chambre d'hôte" ou vous arrêter le temps d'un repas.

Alors, si pour vos prochaines vacances vous ne rêvez que de marcher, pêcher dans une rivière ombragée, boire un bol de lait tiède après la traite des vaches, donc connaître un bonheur paisible, au rythme de la nature, faites l'essai d'un séjour à la ferme.

Oui, décidément, il existe, non loin des grandes villes, une tout autre qualité de vie.

Alain Guillaume, NOTRE TEMPS, juillet 1981

4.2 Vorgehensweise beim Übersetzen

Textinhalt begreifen

> Lesen Sie den Text erst einmal ganz durch, um zu wissen, worum es überhaupt geht.

In diesem Text geht es um die Vorteile, die man hat, wenn man Ferien auf einem Bauernhof macht.

> Lesen Sie ihn dann noch einmal und schlagen Sie die Ihnen unbekannten Wörter nach. Benutzen Sie zuerst das einsprachige Wörterbuch (wie in der Prüfungssituation) und anschließend ein zweisprachiges zur Kontrolle.

le gîte	– die Unterkunft, das Quartier
à l'écart de	– abseits, fern von
la traite	– das Melken

Erst dann machen Sie sich Satz für Satz an die eigentliche Textarbeit.

Bei der Bewertung einer Übersetzung ist zu unterscheiden zwischen:

a) einer inhaltlich falschen Übersetzung;
b) einer inhaltlich richtigen Übersetzung, die aber sprachlich so schlecht ist, daß sie als Fehler bewertet werden muß;
c) einer inhaltlich richtigen und sprachlich akzeptablen Übersetzung, die nicht als Fehler bewertet wird, aber verbesserungsfähig ist;
d) einer inhaltlich richtigen und sprachlich gelungenen Übersetzung.

Zumindest den dritten Fall sollten Sie anstreben.

> Ebenso wichtig wie gute Französischkenntnisse ist bei der Version ein gutes Deutsch, d.h. achten Sie auf eine Ausdrucksweise, die man tatsächlich im Deutschen verwendet.
> Hierbei müssen Sie sich von Ihrem Sprachgefühl leiten lassen.
> Übersetzen Sie einen Satz zunächst wörtlich, um seinen Sinn genau zu erfassen.

sprachlich einwandfreies Deutsch anstreben

Prendre des vacances à la ferme est devenu aujourd'hui chose courante (l. 1).

wörtliche Übersetzung:
Ferien auf dem Bauernhof zu nehmen, ist heute eine gängige Sache geworden.

Diese Übersetzung ist nicht idiomatisch – im Deutschen sagt man nicht *Ferien nehmen* – und würde als Fehler bewertet werden.

... *ist heute eine gängige Sache geworden* ist akzeptabel. Sie dürfen hier aber auch nach einer anderen, vielleicht passenderen Ausdrucksweise suchen.

> Klingt eine wörtliche Übersetzung nicht gut, dann überlegen Sie sich, was genau gemeinst ist. Suchen Sie nach Synonymen und Paraphrasen, um die Übersetzung zu finden, die Ihnen am gelungensten erscheint.

eine gute deutsche Formulierung wählen

Da es mehrere Möglichkeiten gibt, ein und denselben Sachverhalt auszudrücken, gibt es für einen Text verschiedene richtige Übersetzungen.

- Ferien auf dem Bauernhof zu machen, ist heute eine gängige Sache geworden.
- Seine Ferien auf einem Bauernhof zu verbringen, ist heutzutage nichts Ungewöhnliches.
- Ferien auf dem Bauernhof sind heute üblich geworden.

> Hat ein Wort verschiedene Bedeutungen, dann überlegen Sie sich genau, welche im betreffenden Kontext richtig ist.

kontextbezogene Wortbedeutung suchen

Hier zum Beispiel: aujourd'hui = heute, heutzutage,

In unserem Beispiel ist eine Übersetzung mit *heutzutage* besser als *heute*, da mit *heute* strenggenommen nur der heutige Tag bezeichnet wird. *heute* wäre aber kein Fehler, da dieses Wort inzwischen auch anstelle von *heutzutage* verwendet wird.

Somit kann aus der wörtlichen Übersetzung in unserem Beispiel werden:

Ferien auf dem Bauernhof zu machen, ist heutzutage nichts Ungewöhnliches.
Seine Ferien auf einem Bauernhof zu verbringen, ist heutzutage üblich (geworden).

Weitere Beispiele aus dem Text:

Vous désirez séjourner en Bretagne ...? (l. 1/2)

wörtliche Übersetzung:
Wünschen Sie, sich in der Bretagne aufzuhalten ...?

So drückt man sich im Deutschen nicht aus. Ein guter deutscher Satz entsteht:

- Wenn man das Verb *wünschen* durch das Synonym *wollen* ersetzt:
  Wollen Sie sich in der Bretagne ... aufhalten?

- Wenn man, an das vorhergehende *Ferien* anknüpfend, das Verb *sich aufhalten* durch *verbringen* ersetzt:
  Wollen Sie sie in der Bretagne ... verbringen?

- Wenn man es durch ein Substantiv ersetzt:
  Wollen/wünschen Sie einen Aufenthalt in der Bretagne...?

Vous serez toujours assuré ... (l. 2)

wörtlich:
Sie werden immer sicher sein ...

Diese Übersetzung ist nicht falsch, aber auch nicht sehr gut, da im Deutschen das Futur normalerweise nicht verwendet wird. Am besten ersetzt man das Futur hier durch das Modalverb *können*:

Sie können immer sicher sein ...

... en louant un gîte rural ... (l. 2/3)

Hier sind genaue Grammatikkenntnisse nötig. *en louant* ist ein Gérondif. Es kann temporale, modale oder konditionale Bedeutung haben (siehe Grammatikteil). Also:
während, indem oder wenn Sie ... mieten, ...

Hier paßt nur: ... wenn Sie ... mieten. ...

un gîte rural = eine ländliche Unterkunft

Dies ist zwar eine inhaltlich richtige Übersetzung, sprachlich ist sie aber nicht zufriedenstellend. Man löst das Problem, indem man anstelle des Adjektivs einen Präpositionalausdruck verwendet.
Statt *Unterkunft* kann man *Quartier* verwenden, statt *ein Quartier mieten* auch *sich einquartieren*.

Übersetzungsmöglichkeien wären demnach:
Wenn Sie eine Unterkunft/ein Quartier auf dem Lande mieten, ...
Wenn Sie sich auf dem Lande einquartieren, ...

... d'être à l'écart des plages surpeuplées, ... (l. 3)

des setzt sich hier aus *de* + *les* zusammen. Da *de* ein Bestandteil von *à l'écart de* ist, handelt es sich nicht um den Teilungsartikel, sondern um den bestimmten Artikel. (Wenn der Teilungsartikel verwendet würde, hieße es *à l'écart de plages surpeuplées*) Dennoch wäre es ein Fehler, wenn man den bestimmten Artikel hier übersetzen würde. Er steht im Französischen – wie in diesem Beispiel – u.a. wenn eine Sache prinzipiell gemeint ist, im Sinne von: alle überfüllten Strände. Im Deutschen wird er in dieser Bedeutung verwendet, aber nicht so häufig wie im Französischen.

Deshalb heißt es richtig:
... weitab/fern von überfüllten Stränden, ...

... des stations standardisées ... (l. 3)

Unter *standardisierte Stationen* kann man sich in diesem Kontext nichts vorstellen. Das Wort *station* heißt auch *Erholungsort*, *Ferienort*. *Standardisiert* bedeutet *vereinheitlicht*. *Vereinheitlichte Ferienorte* ist aber nicht treffend formuliert. Wenn man sich genau überlegt, was hier gemeint ist, dann kommt man auf eine Bedeutung, die nicht im Lexikon steht:

... typische Ferien-/Touristenorte

... loisirs collectifs ... (l. 4)
wörtlich:
gemeinsame Freizeitbeschäftigungen

Da Ferien in der Regel nur aus Freizeit bestehen, ist dieses Wort hier überflüssig. Man sagt besser:

gemeinsame Beschäftigungen oder Gemeinschaftsaktivitäten

... qui sont de plus en plus la règle générale ... (l. 4)

être heißt im Zusammenhang mit *de plus en plus* werden. Die Übersetzung *die immer mehr die allgemeine Regel sind* ist zwar nicht falsch, aber besser ist:

... die immer mehr zur allgemeinen Regel werden ...

... en cette période estivale. (l. 4)

wörtlich:

... in diesem sommerlichen Zeitraum.

Ähnlich wie in dem obigen Beispiel *un gîte rural* muß hier das Adjektiv ersetzt werden:

... in der Sommersaison; in den Sommermonaten.

Vous trouverez aussi dans les fermes un accueil chaleureux si ... (l. 5)

wörtliche Übersetzung:
Sie werden auf den Bauernhöfen auch einen warmherzigen Empfang finden, wenn...

Wie schon gesagt, ist die Verwendung des Futurs im Deutschen zwar nicht falsch, aber nicht üblich. Der Ausdruck *trouver un accueil* ersetzt eine Passivkonstruktion. Sie wird im Französischen nicht so häufig verwendet wie im Deutschen.
Auch in diesem Beispiel steht im Französischen der generalisierende bestimmte Artikel, während man ihn im Deutschen nicht verwendet.
Es bietet sich an, den folgenden si-Satz durch *dann* im Hauptsatz zu unterstreichen.

Eine gute Übersetzung lautet:

Sie werden auf Bauernhöfen auch dann herzlich empfangen, wenn ...
Sie sind auf Bauernhöfen auch dann herzlich willkommen, wenn ...

... passer une nuit en chambre d'hôte ... (l. 6)

Anstelle des zwar nicht falschen, aber umständlichen *eine Nacht verbringen* kann man im Deutschen einfacher sagen *übernachten*. Also:

...einmal im Gästezimmer übernachten ...

... vous arrêter le temps d'un repas. (l. 6)

wörtlich:
... für die Zeit einer Mahlzeit Halt machen.

die Zeit ist in diesem Satz im Grunde überflüssig, daher ist besser:

... für eine Mahlzeit Halt machen .

... si pour vos prochaines vacances vous ne rêvez que de marcher... (l. 7)

wörtliche Übersetzung:
... wenn Sie für Ihre nächsten Ferien nur davon träumen, zu wandern,...

Dies ist keine falsche, aber auch keine gute Übersetzung.
Sinngemäß bezieht sich *nur* auf *wandern*.
für Ihre nächsten Ferien kann man durch *in Ihren nächsten Ferien* ersetzen:

... wenn Sie davon träumen, in Ihren nächsten Ferien nur zu wandern, ...

... connaître un bonheur paisible ... (l. 8/9)
wörtlich:
... ein friedliches Glück kennenzulernen ...

Das Verb *connaître* hat in diesem Zusammenhang die Bedeutung *erfahren*, *finden*.

Aus der Kombination Adjektiv + Substantiv kann man hier in der Übersetzung zwei Substantive machen:

... Frieden und Glück zu finden ...

... au rythme de la nature ... (l. 9)
wörtlich:
... im Rhythmus der Natur ...

Rhythmus bedeutet *Gleichmaß*. Gemeint ist: im Gleichmaß mit der Natur, also:

... im Einklang mit der Natur ...

...faites l'essai d'un séjour à la ferme. (l. 9)
wörtlich:
... machen Sie den Versuch eines Aufenthalts auf dem Bauernhof.

In diesem Satz ist das Deutsch der wörtlichen Übersetzung nicht akzeptabel, so daß es als fehlerhaft bewertet werden muß. Man sagt: einen Versuch machen mit, oder: es versuchen mit. Im Gegensatz zu *Ferien auf dem Bauernhof* darf bei dem Wort *Aufenthalt* der bestimmte Artikel nicht mit ersetzt werden, da *Aufenthalt auf dem Bauernhof* kein fester Ausdruck ist.

gute Übersetzung:
... versuchen Sie es mit einem Aufenthalt auf einem Bauernhof.
oder
... versuchen Sie es mit Ferien auf dem Bauernhof.

... décidément, il existe, ... (l. 10)

décidément mit *entschiedenermaßen* wiederzugeben, ist hier nicht akzeptabel. Der Autor möchte seine Aussage als etwas Sicheres hinstellen. Man könnte das Wort also durch *wirklich* oder *tatsächlich* ersetzen.

... non loin des grandes villes une tout autre qualité de vie. (l. 10)

Hier finden sich zwei typische Beispiele für Wortverbindungen, die im Deutschen durch zusammengesetzte Substantive übersetzt werden:

les grandes villes = die Großstädte
la qualité de vie = die Lebensqualität

gute Übersetzung:
Es gibt wirklich, nicht weit von den Großstädten, eine ganz andere Lebensqualität.

In diesem Fall darf man den bestimmten Artikel übernehmen.

Denken Sie daran, den Satzbau zu verändern, wenn es nötig ist.

Vous serez toujours assuré, en louant un gîte rural, d'être à l'écart des plages ... (l. 2/3)

Die Übersetzung des Gérondif stellt man an den Anfang des Satzes:

Wenn Sie ein Quartier auf dem Lande mieten, dann können Sie immer sicher sein ...

Häufig muß auch die Stellung von Präpositionalausdrücken verändert werden:

... qui sont de plus en plus la règle générale en cette période estivale. (l. 4)

... die in diesen Sommermonaten immer mehr zur allgemeinen Regel werden.

Alors, si pour vos ... (l. 7)

Das im Französischen aus dem Satzgefüge herausgenommene *alors* muß im Deutschen unbedingt in einen Haupt- oder Nebensatz integriert werden:

Wenn Sie also ...

Musterlösung

Ferien auf dem Bauernhof zu machen, ist heutzutage nichts Ungewöhnliches. Wollen Sie sie in der Bretagne, im Elsaß oder im Limousin verbringen?
Wenn Sie sich auf dem Lande einquartieren, dann können Sie sicher sein, daß Sie weitab von überfüllten Stränden, typischen Touristenorten und Gemeinschaftsaktivitäten sind, die in den Sommermonaten immer mehr zur Regel werden.
Auf Bauernhöfen sind Sie auch dann herzlich willkommen, wenn Sie nur einmal im „Gästezimmer" übernachten oder für eine Mahlzeit Halt machen wollen.
Wenn Sie also davon träumen, in Ihren nächsten Ferien nur zu wandern, in einem schattigen Fluß zu angeln und nach dem Melken eine Schale kuhwarmer Milch zu trinken, dann versuchen Sie es mit einem Aufenthalt auf einem Bauernhof.
Ja, es gibt tatsächlich, nicht weit von den Großstädten, eine ganz andere Lebensqualität.

4.3 Spezielle Übersetzungshilfen

4.3.1 Übersetzung des bestimmten Artikels

> Seien Sie vorsichtig beim Übersetzen des bestimmten Artikels. Er kann im Deutschen nicht prinzipiell übernommen werden. Im Französischen steht er u.a. zur Bezeichnung einer Gattung oder Stoffart. Im Deutschen gibt es ihn in dieser Bedeutung nicht so häufig, statt dessen steht das Substantiv ohne Artikel.

Gebrauch des Artikels aus dem Kontext ableiten

… ce qu'en d'autres contrées on appellerait le sousdéveloppement

…das, was man in anderen Gegenden Unterentwicklung nennen würde.

In diesem Beispiel wäre es falsch, den bestimmten Artikel zu übersetzen. Es gibt aber ähnliche Sätze, in denen es möglich ist:

Oui, … il existe, non loin des grandes villes, une toute autre qualité de vie.

Ja, es gibt …nicht weit von den Großstädten eine ganz andere Lebensqualität.

Es ist schwierig, hier verbindliche Regeln aufzustellen. Am besten Sie verlassen sich auf ihr Sprachgefühl.

4.3.2 Übersetzung der Konjunktion *si*

> Die Konjunktion *si* darf nicht mit *wenn* übersetzt werden.

Si la France souffre encore peu du phénomène, c'est parce que le football est moins important chez nous …

Dieses si drückt keine Bedingung aus, sondern eine Tatsache. Es bezieht sich auf die Gegenwart. Deshalb ist die richtige Übersetzung *daß*:

Daß Frankreich noch wenig unter dem Phänomen zu leiden hat, liegt daran, daß …

abweichende Wortbedeutung aus dem Kontext erschließen

4.3.3 Abweichung von der Grundbedeutung eines Wortes

Im Deutschen gibt es zwei- bis dreimal so viele Wörter wie im Französischen. Dies betrifft vor allem die Verben. Das Deutsche hat hier eine viel reichere Auswahl, was zur Folge hat, daß viele französische Verben je nach Kontext ganz verschieden übersetzt werden können. Dabei stehen nicht unbedingt alle Bedeutungen im Lexikon. Sie müssen häufig aus dem Kontext erschlossen werden.

In den folgenden Beispielen wird zunächst die Grundbedeutung eines Verbs genannt. Danach folgen jeweils Sätze, in denen dieses Verb von der Grundbedeutung abweichend übersetzt werden muß.

prendre = nehmen

Elles se retrouvent tout à coup, … contraintes … de prendre toutes sortes d'habitudes.
– annehmen

… et si les Européens ne le prennent pas en compte, les conflits politiques peuvent être graves.
– berücksichtigen

Principales victimes malgré toutes les mesures prises en leur faveur: les jeunes de 16 à 25 ans.
– treffen

… le chomeur connaît une détresse croissante et prend conscience de la gravité de la situation.
– sich bewußt werden

connaître = kennenlernen

Dans la phase suivante, le chômeur connaît une détresse croissante …
– durchmachen

Alors, si … vous ne rêvez que de … connaître un bonheur paisible …
– finden

Le port de plaisance de Nogent-sur-Marne n'a jamais connu une telle affluence.
– erleben

obtenir = erhalten

Les personnes les plus vulnérables sont … les jeunes, ayant quitté l'école sans avoir obtenu de bons résultats.
– erzielen

Celle-ci (une fondation privée) a obtenu la mise hors la loi de toute manifestation à Stonhenge pendant le solstice d'été.
– erreichen

mettre = setzen, stellen, legen

Tu sais combien de temps j'ai mis pour venir ici?
– brauchen

rencontrer = treffen, begegnen

C'est dans le centre qu'on rencontre les taux les plus élevés de couches sociales supérieures.
– finden

permettre = erlauben

Les artistes de la préhistoire ... avaient jonché (übersät) le sol d'une multitude d'indices qui ont permis de les identifier.
– ermöglichen

perdre = verlieren

... pour les adultes, ne rien faire, c'est perdre et son temps et son argent.
– verschwenden

susciter = hervorrufen

Mon objectif est de susciter de nouveaux partenaires pour la protection du patrimoine.
– gewinnen

L'essor du Minitel et sa haute rentabilité ont suscité des besoins nouveaux.
– schaffen

Ce succès a suscité les craintes les plus vives.
– auslösen

démarrer = in Gang setzen

... tout est réuni pour que le feu démarre.
– sich entzünden

installer = einrichten

On sait aussi ce qu'il convient de faire: ... installer de jeunes agriculteurs ...
– ansiedeln

programmer = programmieren

Toutes ces actions sont programmées.
– planen

vivre = leben

Toutes ces femmes ont vécu un peu la même histoire.
– erleben

Diese, bei Verben sehr häufigen Beispiele, lassen sich auch bei anderen Wortarten finden:

la perte = der Verlust

Ce qui fait son charme cause aussi sa perte.
– Untergang

la suppression = die Unterdrückung

La suppression des petites annonces a totalement paralysé le marché du travail.
– das Ausbleiben

vif = lebhaft

Ce succès a suscité les craintes les plus vives.
– schlimm

bon = gut

Nous sommes sur le bon chemin.
– richtig

Die im Französischen sehr häufige Präposition *de* hat – je nach Zusammenhang – die verschiedensten deutschen Entsprechungen:

responsable de	=	verantwortlich für
la crainte de	=	die Furcht vor
un village de 500 habitants	=	ein Dorf mit 500 Einwohnern
souffrir de	=	leiden unter

4.3.4 Übersetzung durch zusammengesetzte Substantive

zusammengesetzte Substantive verwenden

Zusammengesetzte Substantive gibt es im Französischen fast nicht. Im Deutschen dagegen sind sie sehr häufig. Sie entsprechen einem französischen Substantiv + Präposition + Substantiv; Adjektiv + Substantiv, Substantiv + Präposition + Verb.

la grande ville	= die Großstadt
les eaux d'égout	= das Abwasser
les petites annonces	= die Kleinanzeigen
le grand magasin	= das Kaufhaus
le marché du travail	= der Arbeitsmarkt
l'industrie lourde	= die Schwerindustrie
la machine à écrire	= die Schreibmaschine
la période estivale	= die Sommermonate

4.3.5 Übersetzung durch andere Wortarten

Wortwechsel

Sie haben grundsätzlich die Freiheit, die Wortarten des französischen Textes in der Übersetzung durch andere zu ersetzen.

l'ardeur du soleil	= die brennende Sonne
la fréquence des accidents	= die häufigen Unfälle
l'ombre des sous-bois	= das schattige Unterholz
le plaisir de vivre	= das reizvolle Leben
un bonheur paisible	= Frieden und Glück
un gîte rural	= eine Unterkunft auf dem Lande

4.3.6 Abweichung vom Numerus des Wortes

unterschiedliche Übersetzung des französischen Singulars und Plurals

Sie dürfen zwar nicht grundsätzlich willkürlich verfahren, aber Sie müssen nicht unbedingt den Numerus eines Wortes beibehalten. Oft entspricht dem französischen Singular im Deutschen der Plural und umgekehrt:

la forêt méditerranée	= die Mittelmeerwälder
les pays étrangers	= das Ausland
les choix	= die Wahl
les eaux	= das Wasser
le coût	= die Kosten

4.3.7 Passiv statt Aktiv

Sachverhalt im Deutschen mit dem Passiv ausdrücken

Im Französischen wird das Passiv viel weniger verwendet als im Deutschen. Anstelle des Passivs steht im Französischen häufig ein Ausdruck im Aktiv mit passivischem Sinn, für den es im Deutschen manchmal keine Entsprechung gibt. Dies sind z.B.:

- reflexive Verben

C'est pourtant chez eux que se passe la plus grande destruction des monuments.	Doch gerade bei ihnen werden Denkmäler am wenigsten geschützt.

- die Verben *se faire, se voir, être en cours de, trouver*

Le voleur s'est vu pris par la police.	Der Dieb wurde von der Polizei ertappt.
Elle s'est fait voler.	Sie wurde bestohlen.
Vous trouverez aussi dans les fermes un accueil chaleureux, si …	Sie werden auf Bauernhöfen auch dann herzlich empfangen, wenn …

Nominalstil vermeiden

4.3.8 Veränderung der Satzstruktur

Eine Häufung von Adverbialen ist im Deutschen nicht gut.

> Pendant la grève des quotidiens à New York, il y plusieures années ...:
>
> Während des Streiks der Zeitungen in New York vor einigen Jahren ...

Der deutsche Satz kann verbessert werden, indem man die erste Adverbiale in einen Nebensatz verwandelt:

> Als in New York vor einigen Jahren die Zeitungen streikten, ...

Auch Präpositionalausdrücke oder Genitivobjekte können oft eleganter durch einen Nebensatz wiedergegeben werden.

| Voici revenu comme chaque été le temps des épreuves pour la forêt méditerranéenne. | Wie jeden Sommer ist jetzt wieder die Zeit gekommen, in der die Mittelmeerwälder einer schweren Prüfung unterzogen werden. |

Mise en Relief richtig übersetzen

4.3.9 Übersetzung der Mise en Relief

> C'est la société qui est violente. N'en rendons pas responsable la télévision.

Die wörtliche Übersetzung *es ist die Gesellschaft, die voll von Gewalt ist* ist nicht akzeptabel.
Um die Hervorhebung im Deutschen wiederzugeben, stellt man den betonten Satzteil an den Anfang oder an das Ende des Satzes bzw. man unterstreicht ihn durch *gerade*:

> Gewalttätig ist die Gesellschaft. Machen wir nicht das Fernsehen dafür verantwortlich.

Weitere Beispiele:
C'est dans le centre que l'on rencontre le taux le plus élevé de couches sociales supérieures.
Den höchsten Anteil der Bevölkerung, die einer höheren sozialen Schicht angehören, findet man in den Innenstädten.

Mais puisque c'est par le sol que l'incendie se développe, c'est le sol qu'il faut traiter.
Aber, da sich der Brand am Boden entwickelt, muß man gerade hier etwas unternehmen.

4.3.10 Hinzufügen von betonenden Wörtern

Wörter wie *und zwar, schon, nur, allerdings, jedoch, sogar* kann man gelegentlich hinzufügen, obwohl sie nicht im französischen Text stehen:

und zwar, schon, nur zur Verdeutlichung ergänzen.

Voici une lutte qui n'en finit pas. Deux siècles que cela dure!

Hier handelt es sich um einen Kampf, der kein Ende nimmt. Zwei Jahrhunderte dauert das nun schon!

Mais la souffrance la plus grave, le coureur du Tour se l'inflige à lui-même, volontairement.

Aber den größten Qualen unterwirft sich der Radrennfahrer der Tour de France selbst, und zwar freiwillig.

4.4 Übung

Traduisez le texte suivant.

A Paris: 100 kilomètres de chaussées pour les cyclistes

Paris va-t-il enfin se réconcilier avec les deux-roues? M. Jacques Chirac veut créer une centaine de kilomètres de voies cyclables (dont 30 réalisés dès cet été), sur le macadam parisien. Permettre aux deux-roues de mieux circuler et, aussi, d'être mieux protégés, tel est l'objectif de l'opération lancée par le maire de la capitale.

Détracteurs et défenseurs des deux-roues s'affrontent depuis des années. Les premiers estiment qu'un milieu urbain aussi dense que celui de la capitale ne peut leur permettre de se déplacer sans danger; les seconds réclament avec force le droit de mieux circuler grâce à des aménagements spécifiques. En fait, nombreux sont les Parisiens qui utilisent les deux-roues, quelles que soient les conditions météorologiques, pour se rendre au travail ou à l'école. Le faible coût de ce mode de transport silencieux et peu polluant, sa rapidité aussi par rapport à la voiture particulière et aux transports en commun constituent, en effet, des avantages non négligeables.

Jean Perrin, LE MONDE, 19 juin 1982

Lösungsvorschlag

100 Kilometer Fahrradwege in Paris

Versöhnt sich Paris nun endlich mit seinen Fahrradfahrern? M. Jacques Chirac möchte auf dem Pariser Asphalt Fahrradwege von einer Gesamtlänge von etwa 100 Kilometern schaffen (von denen diesen Sommer bereits 30 fertiggestellt werden). Das vom Bürgermeister der Hauptstadt angestrebte Ziel dieses Unternehmens ist es, den Fahrradfahrern ein besseres Forwärtskommen im Straßenverkehr zu ermöglichen und ihnen auch einen größeren Schutz zu gewähren,

Kritiker und Befürworter des Fahrradfahrens bekriegen sich nun schon seit Jahren. Erstere glauben, daß es bei einer derart dichten städtischen Bebauung, wie man sie in der Hauptstadt findet, für Fahrradfahrer unmöglich ist, sich gefahrlos vorwärts zu bewegen. Letztere fordern mit Nachdruck das Recht, sich mit Hilfe von speziell ausgebauten Fahrradwegen besser fortbewegen zu können. In der Tat gibt es in Paris viele Leute, die ein Fahrrad benutzen, um in die Arbeit oder zur Schule zu kommen, und zwar bei jedem Wetter. Die geringen Kosten dieses leisen, umweltfreundlichen Fortbewegungsmittels und seine auch im Vergleich zum Auto oder zu den öffentlichen Verkehrsmitteln relativ hohe Geschwindigkeit stellen in der Tat beachtliche Vorteile dar.

5. Wortschatz

5.1 Universalwortschatz:

entrer en vigueur	– in Kraft treten
prétendre que	– behaupten
prétendre faire qc	– vorgeben etw. zu tun, so tun als ob
prendre en considération	– berücksichtigen
tenir compte de	– berücksichtigen
se rendre compte de qc	– sich einer Sache bewußt sein
remarquer qc	– etw. bemerken
prendre en mains	– in die Hand nehmen
résoudre un problème	– ein Problem lösen
la solution d'un problème	– die Lösung eines Problems
aborder un problème	– ein Problem angehen
écarter une décision	– eine Entscheidung aufschieben
avoir raison	– Recht haben
avoir tort	– nicht Recht haben, sich irren
partager l'avis de qn	– jmds. Meinung/Ansicht teilen
dépendre de	– abhängen von
cela dépend	– das kommt darauf an
avoir l'impression que	– den Eindruck haben, daß
avoir pour conséquence/pour effet	– zur Folge haben
avoir pour cause	– als Grund haben
résulter de	– folgen aus
il en résulte que	– daraus folgt, daß
souligner qc/mettre en relief qc	– etw. betonen, hervorheben, unterstreichen
attirer l'attention sur qc	– die Aufmerksamkeit lenken auf
constater	– feststellen
ne pas perdre de vue	– nicht aus den Augen verlieren
ne pas ignorer que	– sehr wohl wissen
entendre par	– verstehen unter
aller trop loin	– zu weit gehen
commencer par	– beginnen mit
se terminer par	– enden mit
démontrer, révéler	– zeigen, beweisen
minimiser, affaiblir	– abschwächen
exagérer	– übertreiben
causer	– verursachen
permettre	– ermöglichen
tenir à qc	– auf etw. Wert legen
apprendre à faire qc	– lernen etw. zu tun
apprendre qc à qn	– jmdm. etw. beibringen
demander qc à qn	– jmdn. um etw. bitten
demander à qn	– jmdn. etw. fragen
demander qn/qc	– jmdn./etw. verlangen
naître	– entstehen
l'idée naît	– die Idee entsteht
ce qui m'étonne c'est que + Subj.	– was mich erstaunt, ist ...
cela revient au même	– das läuft auf dasselbe hinaus
l'essentiel, c'est que + Subj.	– die Hauptsache ist, daß

cela n'a rien à voir avec	– das hat nichts zu tun mit
n'oublions pas que/il ne faut pas oublier	– vergessen wir nicht, daß
prenons le cas de ...	– nehmen wir den Fall von ...
supposons que + Subj.	– nehmen wir einmal an, daß
reste à savoir si	– es bleibt die Frage, ob
il s'agit de	– es handelt sich um
dans le domaine/sur le plan de ...	– auf dem Gebiet
sur le plan économique	– auf wirtschaftlichem Gebiet
quant à/en ce qui concerne	– was ... betrifft
de plus en plus	– immer mehr
de moins en moins	– immer weniger
plus ... plus ...	– je ... desto
à part cela, en outre	– außerdem
à part qc	– außer (darüber hinaus)
à l'exception de qc	– mit Ausnahme von
non seulement ... mais aussi	– nicht nur ... sondern auch
en un mot	– mit einem Wort
en somme, somme toute	– insgesamt, alles in allem
de toute façon, en tout cas	– jedenfalls
à première vue	– auf den ersten Blick
en y regardant de plus près	– bei genauerer Betrachtung
au contraire de/contrairement à	– im Gegensatz zu
à ma connaissance/autant que je sache	– soviel ich weiß
surtout/avant tout	– vor allem
le point de vue	– der Standpunkt
du point de vue de l'auteur	– vom Standpunkt des Verfassers aus
face à	– angesichts
face aux problèmes sociaux	– angesichts der sozialen Probleme
en partie	– zum Teil, teilweise
totalement/complètement	– völlig
au fond	– im Grunde
en effet, en fait	– in der Tat, tatsächlich
d'ailleurs	– übrigens
donc	– also, folglich
c'est autre chose	– das ist etwas anderes
en quelque sorte	– in gewisser Weise
pour ainsi dire	– sozusagen
à cet égard	– in dieser Hinsicht
tandis que/alors que	– wohingegen
selon/d'après qn	– nach jmds. Meinung/Ansicht
à la différence de	– im Unterschied zu
c'est le cas en France/en Allemagne	– das ist in Frankreich/Deutschland der Fall
de ce temps/de notre temps	– heutzutage
ces derniers temps	– in letzter Zeit
ces dernières années	– in den letzten Jahren
au fur et à mesure que	– in dem Maße wie
prendre des mesures efficaces	– wirksame Maßnahmen ergreifen
du jour au lendemain	– von heute auf morgen
prendre son temps	– sich Zeit lassen
pas forcément	– nicht unbedingt
et pourtant	– jedoch
à l'époque/à cette époque-là	– damals

5.2 Spezialwortschatz: l'Europe

la communauté européenne	– die europäische Gemeinschaft
fonder la communauté européenne	– die europäische Gemeinschaft gründen
la CEE (communauté économique européenne)	– die europäische Wirtschaftsgemeinschaft
l'union économique et monétaire	– die Wirtschafts- und Währungsunion
l'Europe occidentale	– Westeuropa
l'Europe unie	– das vereinigte Europa
la construction européenne	– der Bau Europas
l'union monétaire	– die Währungsunion
l'introduction de l'union monétaire	– die Einführung der Währungsunion
la monnaie européenne unique	– die europäische Währungseinheit
créer une monnaie européenne	– eine europäische Währung schaffen
la mise en circulation de la monnaie unique	– die Einführung der gemeinsamen Währung
le système monétaire	– das Währungssystem
la banque centrale européenne	– die europäische Zentralbank
la création de la banque centrale européenne	– die Gründung der Zentralbank
le grand marché européen	– der gemeinsame europäische Markt
les pays/Etats membres	– die Mitgliedsstaaten, Mitgliedsländer
le Parlement européen	– das Europaparlament
le Conseil européen	– der Europarat
la Commission de Bruxelles	– die Brüsseler Kommission
la Cour de justice européenne	– der europäische Gerichtshof
le traité de Maastricht	– der Vertrag von Maastricht
ratifier, signer un traité	– einen Vertrag unterzeichnen
voter pour/contre qc	– für/gegen etwas stimmen
une décision à l'unanimité	– ein einstimmiger Beschluß
une décision à la majorité	– ein Mehrheitsbeschluß
la suppression des frontières	– die Abschaffung der Grenzen
modérer des frontières	– Grenzen verschieben
agir ensemble	– gemeinsam handeln
l'élargissement de la collaboration	– die Erweiterung der Zusammenarbeit
la politique étrangère	– die Außenpolitik
le chef d'Etat	– der Staatschef
le ministre des affaires étrangères	– der Außenminister
le ministre des finances	– der Finanzminister
les droits de douane	– die Zölle
la cohérence économique et sociale	– die wirtschaftliche und soziale Zusammengehörigkeit
les conséquences politiques	– die politischen Konsequenzen
la puissance	– die Macht
puissant	– mächtig
l'initiative franco-allemande	– die deutsch-französische Initiative
les négociations	– die Verhandlungen
mener des négociations	– Verhandlungen führen
les interlocuteurs	– die Gesprächspartner
la consultation entre Occidentaux	– der Rat der westlichen Länder
la rencontre	– das Treffen
les critères définis par le traité	– die vertraglich festgesetzten Bedingungen

les critères de convergence	– die Kriterien von Maastricht
répondre aux conditions requises	– die erforderlichen Bedingungen erfüllen
le pays charnière	– das Schwellenland
s'orienter vers qc	– auf etwas zusteuern
la formation internationale	– die internationale Ausbildung
la carrière internationale	– die internationale Karriere

5.3 Spezialwortschatz: la famille/la condition de la femme

les membres d'une famille	– die Familienmitglieder
la vie de famille/la vie familiale	– das Familienleben
la mère de famille	– die Hausfrau und Mutter
le père de famille	– der Familienvater
les grands-parents	– die Großeltern
les petits-enfants	– die Enkel
le petit-fils	– der Enkel
la petite-fille	– die Enkelin
les frères et sœurs	– die Geschwister
le frère/la sœur ainé(e)	– der ältere Bruder, die ältere Schwester
le/la cadet(te)	– der/die Jüngste
le frère/la sœur cadet(te)	– der jüngere Bruder, die jüngere Schwester
le fils à papa	– von Beruf Sohn
le mari	– der Ehemann
la femme	– die Ehefrau
l'époux/l'épouse	– der Gatte/die Gattin
le/la célibataire	– der Junggeselle, die alleinstehende Frau
le veuf/la veuve	– der Witwer/die Witwe
vivre dans le célibat	– unverheiratet sein
le père/la mère célibataire	– der alleinerziehende Vater, die alleinerziehende Mutter
le concubinage	– die eheähnliche Gemeinschaft, wilde Ehe
vivre en concubinage	– in einer eheähnlichen Gemeinschaft leben
le couple	– das Paar
se marier avec qn, épouser qn	– jmdn. heiraten
le nouveau/la nouvelle marié(e)	– der/die frischgebackene Ehemann/Ehefrau
être marié(e)	– verheiratet sein
le mariage	– die Hochzeit, Ehe, Trauung
les noces	– das Hochzeitsfest
le mariage religieux	– die kirchliche Trauung
le mariage civil	– die standesamtliche Trauung
contracter un mariage	– eine Ehe eingehen, sich trauen lassen
contracter un mariage religieux/civil	– kirchlich/standesamtlich heiraten
le contrat de mariage	– der Ehevertrag
l'acte de mariage	– der Trauschein
le ménage	– die eheliche Gemeinschaft, das Ehepaar
faire le menage	– den Haushalt machen, putzen
la demande en mariage	– der Heiratsantrag
demander qn en mariage	– um jmds. Hand anhalten

demander la main de qn	jmdm. einen Heiratsantrag machen
marier qn à/avec qn	– jmd. trauen, verheiraten
donner sa fille/son fils en mariage	– seine Tochter/seinen Sohn verheiraten
la lune de miel	– die Flitterwochen
faire un mariage d'argent	– eine Geldheirat machen
le mariage de raison	– die Vernunftehe
le mariage d'amour	– die Liebesheirat
faire un bon mariage	– eine gute Partie machen
un bon/heureux mariage	– eine gute/glückliche Ehe
le mariage blanc/fictif	– die Scheinehe
le mariage mixte	– die Mischehe
en premières/secondes noces	– in erster/zweiter Ehe
épouser qn en secondes noces, contracter un second mariage	– zum zweitenmal heiraten
un enfant du premier/second lit	– ein Kind aus erster/zweiter Ehe
hors/en dehors du mariage	– außerehelich, unehelich
fonder un foyer	– eine Familie gründen
les noces d'argent/d'or/de diamant	– die silberne/goldene/diamantene Hocheit
attendre un enfant, être enceinte	– ein Kind erwarten
l'éducation des enfants	– die Kindererziehung
éduquer des enfants	– Kinder erziehen
la maternité	– die Mutterschaft
la nourrice	– die Tagesmutter
confier un enfant à une nourrice	– ein Kind zu einer Tagesmutter geben
garder des enfants	– Kinder betreuen
la garde des enfants	– die Kinderbetreuung
se partager la garde des enfants	– sich bei der Kinderbetreuung abwechseln
la crèche	– die Kinderkrippe
l'école maternelle	– der Kindergarten
l'éducation différentielle des filles et des garçons	– die unterschiedliche Erziehung von Jungen und Mädchen
mettre un enfant au monde	– ein Kind in die Welt setzen
donner le jour/la vie à un enfant	– ein Kind zur Welt bringen
l'absence d'enfants	– die Kinderlosigkeit
un enfant adoptif	– ein Adoptivkind
adopter un enfant	– ein Kind adoptieren
un enfant légitime	– ein eheliches Kind
un enfant naturel	– ein uneheliches Kind
des parents adoptifs	– Adoptiveltern
une allocation d'éducation	– Erziehungsgeld
le congé de maternité	– der Schwangerschaftsurlaub
le divorce	– die Scheidung
demander le divorce	– die Scheidung beantragen/einreichen
divorcer d'avec qn	– sich von jmdm. scheiden lassen
être divorcé(e)	– geschieden sein
la maîtresse de maison	– die Hausfrau
la bonne	– die Haushälterin
la bonne à tout faire	– das Mädchen für alles
la femme de ménage	– die Zugehfrau
les travaux du ménage	– die Hausarbeit

la femme au foyer	– das Heimchen am Herd
s'occuper de la maison	– sich um den Haushalt kümmern
la gestion quotidienne du foyer	– die tägliche Hausarbeit
la cuisine	– das Kochen
les courses	– das Einkaufen
la lessive	– das Waschen
demeurer au foyer	– zu Hause bleiben, nicht berufstätig sein
une femme qui travaille hors du foyer	– eine berufstätige Frau
la proportion des femmes qui travaillent hors du foyer	– der Anteil der berufstätigen Frauen
la misogynie	– die Frauenfeindlichkeit
misogyne	– frauenfeindlich
la femme libérée	– die emanzipierte Frau
le féminisme	– der Feminismus
féministe	– feministisch
patriarcal	– patriarchalisch
l'émancipation	– die Emanzipation

5.4 Spezialwortschatz: les travailleurs immigrés

l'étranger	– der Ausländer
l'immigré	– der Einwanderer
immigrer	– einwandern
l'émigré	– der Auswanderer
émigrer	– auswandern
le travailleur immigré, l'ouvrier étranger	– der Gastarbeiter, Fremdarbeiter
la population d'origine étrangère	– die ausländische Bevölkerung
le taux de la population étrangère	– der Anteil der ausländischen Bevölkerung
être d'origine étrangère	– Ausländer sein
le pays d'origine	– das Herkunftsland
l'apatride	– der Staatenlose
le réfugié politique	– der politische Flüchtling, Asylant
une personne de couleur	– ein Farbiger
un noir	– ein Schwarzer
le Maghreb	– Nordafrika (außer Ägypten)
maghrébin	– nordafrikanisch
le/la Maghrébin(e)	– der/die Nordafrikaner/in
être d'origine africaine, turque, ...	– aus Afrika, der Türkei ... kommen
le costume traditionel	– die traditionelle Kleidung
être drapé dans le voile	– verschleiert, in den Schleier gehüllt sein
être vêtu à l'européenne	– europäisch gekleidet sein
le rôle ancestral	– die althergebrachte Rolle
abandonner sa culture	– seine kulturelle Identität aufgeben
garder sa culture	– seine kulturelle Identität bewahren
se naturaliser Français, Allemand, ...	– Franzose, Deutscher, ... werden
l'assimilation	– die Assimilierung
l'intégration	– die Integration, Eingliederung
intégrer qn	– jmdn. integrieren, eingliedern
s'intégrer	– sich eingliedern
le préjugé national	– das nationale Vorurteil

la cohabitation	– das Zusammenleben
rejeter qn	– jmdn. ablehnen
le nationalisme	– der Nationalismus
le racisme	– der Rassismus
être raciste	– rassistisch, Rassist sein
la discrimination raciale	– die Rassendiskriminierung
la xénophobie	– die Angst vor Überfremdung, Ausländerfeindlichkeit
l'expulsion	– die Ausweisung
expulser qn	– jmdn. ausweisen
la crainte de l'expulsion	– die Angst vor Ausweisung
discriminer qn	– jmdn. diskriminieren
l'apartheid	– die Rassentrennung, Apartheid
refouler qn	– jmdn. abweisen
l'asile politique	– politisches Asyl
le droit d'asile	– das Asylrecht
modifier le droit d'asile	– das Asylrecht ändern
offrir un asile à qn	– jmdm. Asyl gewähren
chercher asile	– Asyl suchen
s'enfuir, s'expatrier	– flüchten
le déracinement	– die Entwurzelung
l'aide aux réfugiés	– die Flüchtlingshilfe
la persécution politique	– politische Verfolgung
persécuter qn	– verfolgen
la cité de transit	– Übergangswohnheim
l'isolement	– die Isolation
être isolé	– isoliert sein
être solitaire	– einsam sein
la solitude	– die Einsamkeit
le mal du pays	– das Heimweh
rentrer au pays	– in seine Heimat zurückkehren
les pays anti-démocrates	– die nicht demokratischen Länder
la dénatalité	– der Rückgang der Geburtenrate
le taux de natalité	– die Geburtenrate
l'explosion démographique	– die Bevölkerungsexplosion
la carte de travail	– die Arbeitserlaubnis
la carte de séjour	– die Aufenthaltsgenehmigung
la main d'œuvre clandestine	– die Schwarzarbeiter, illegalen Arbeiter
franchir clandestinement la frontière	– illegal einreisen
le clandestin	– der illegale Einwanderer
le passeur	– der Schlepper
intercepter qn	– jmdn. aufgreifen
l'esclavage moderne	– die moderne Sklaverei
abuser de qn	– jmdn. ausbeuten
la basse besogne	– die niederen Arbeiten

5.5 Spezialwortschatz: le sport

faire du sport	– Sport treiben
pratiquer un sport	– eine Sportart ausüben
le sport	– der Sport, die Sportart
les sports de base	– Geländesportarten
l'athlétisme	– Leichtathletik
l'athlète	– der Leichtathlet
la natation	– Schwimmen
l'équitaion	– das Reiten
faire de l'équitation	– reiten
le cavalier, le jockey	– der Reiter, der Jockey
le nageur	– der Schwimmer
faire de la natation	– schwimmen
faire de l'athlétisme	– Leichtathletik betreiben
les sports de combat	– die Kampfsportarten
la boxe	– das Boxen
le boxeur	– der Boxer
boxer, pratiquer la boxe	– boxen
le combat de boxe	– der Boxkampf
livrer un combat de boxe	– einen Boxkampf liefern
l'escrime	– das Fechten
l'escrimeur	– der Fechter
le judo	– Judo
le judoka	– der Judoka
le karaté	– Karate
la lutte	– Ringen
le lutteur	– der Ringer
le tir	– das Schießen
le tireur	– der Schütze
les sports individuels	– der Individualsport
l'alpinisme	– Bergsteigen
l'alpiniste	– der Bergsteiger
faire un tour en montagne	– eine Bergtour machen
l'aviron	– das Rudern
ramer, faire de l'aviron	– rudern
le bateau à rames	– das Ruderboot
le canoéisme	– der Kanusport
le canoë	– das Kanu
le golf	– der Golfsport
le jogging	– das Jogging
le canoéiste	– der Kanufahrer
faire du canoë, du jogging	– Kanu fahren, joggen
le cyclisme	– das Radrennfahren
le cycliste	– der Radrennfahrer
les sports d'équipe	– die Mannschaftssportarten
le football	– Fußball
le base-ball	– Baseball
le basket-ball	– Basketball
le volley-ball	– Volleyball

le hockey	– Hockey
jouer au football, volleyball	– Fußball, Volleyball spielen
les sports d'hiver	– die Wintersportarten
le patinage	– das Eislaufen
patiner	– eislaufen
le patineur	– der Eisläufer
le patinage à vitesse	– das Eisschnellaufen
le patinage à roulettes	– das Rollschuhlaufen
le ski	– das Skifahren
le skieur	– der Skifahrer
le ski de descente	– der Alpinskisport
le ski de fond	– das Langlaufen
aller à ski, skier, faire du ski	– skifahren
la luge	– das Schlittenfahren, Rodeln
la piste de luge	– die Rodelbahn
le lugeur	– der Rodler
luger, faire de la luge	– schlittenfahren, rodeln
la course de bicyclette, d'auto, de chevaux	– das Rad-/Auto-/Pferderennen
le terrain de sport	– der Sportplatz
l'arène	– die Arena
le stade	– das Stadion
le sport amateur	– der Amateursport
le sport professionnel	– der Profisport
le champion	– der Champion
l'amateur	– der Amateur
le professionnel	– der Profi
le coureur	– der Rennfahrer
sportif, ve	– sportlich
la sportivité	– der Sportsgeist
le joueur de football	– der Fußballspieler
la tribune	– die Tribüne
le club du sport	– der Sportclub
le show sportif	– das sportliche Ereignis
la finale	– das Finale
la demi-finale	– das Halbfinale
le spectateur	– der Zuschauer
le fanatisme	– der Fanatismus
le supporteur	– der Fan
les hooligans	– die Fußball-Rowdies
le hooliganisme	– das Fußball-Rowdytum
le billet	– die Eintrittskarte
attirer les foules	– die Massen anziehen
les vêtements de sport	– die Sportkleidung
un complet sport	– ein Sportanzug
les chaussures de sport	– die Sportschuhe
l'arbitre	– der Schiedsrichter
le doping	– das Doping
être dopé	– gedopt sein
le dopant	– das Dopingmittel
disqualifier	– disqualifizieren
la disqualification	– die Disqualifizierung

5.6 Spezialwortschatz: les grandes villes

la périphérie, la banlieue	– der Außenbezirk
la cité de banlieue, le faubourg	– der Vorort
la cité-dortoir	– die Schlafstadt
le centre	– die Innenstadt
le quartier	– das Viertel
le bidonville	– das Elendsviertel
le lieu d'habitat	– der Wohnort
l'habitant	– der Bewohner, Einwohner
le banlieusard	– der Bewohner eines Vororts
habiter en banlieue	– am Stadtrand, in einem Vorort wohnen
habiter en ville, dans une ville	– in der Stadt wohnen
le grand magasin	– das Kaufhaus
le petit commerce, la petite boutique	– der kleine Laden
le centre commercial	– das Einkaufszentrum
des équipements d'usage quotidien	– Einrichtugen für den täglichen Bedarf
des locaux collectifs résidentiels	– Gemeinschaftseinrichtungen (z.B. Bibliothek, Museum)
la Maison de la culture	– Kulturzentrum
les espaces verts	– Grünanlagen
l'écriteau	– das Schild
défense de marcher sur la pelouse!	– Betreten des Rasens verboten
le terrain de jeu	– Spielplatz
un édifice	– ein Gebäude
édifier	– erbauen, errichten
le logement, l'habitation	– die Wohnung
la tour	– das Hochhaus
l'immeuble	– der Wohnblock
le H.L.M. (habitation à loyer modéré)	– die Sozialwohnung
le pavillon en banlieue	– das Häuschen am Stadtrand
la maison individuelle	– das Einfamilienhaus
le locataire	– der Mieter
la circulation	– der Verkehr
circuler	– sich im Straßenverkehr fortbewegen
se déplacer	– sich fortbewegen
le moyen de transport	– das Fortbewegungsmittel
les transports collectifs/en commun	– die öffentlichen Verkehrmittel
prendre le bus	– mit dem Bus fahren
aller en métro	– mit der U-Bahn fahren
le R.E.R.(Réseau Express Régional)	– die S-Bahn
l'automobiliste	– der Autofahrer
la voiture individuelle, personnelle	– das Privatauto
le véhicule	– das Fahrzeug
le feu tricolore	– die Ampel
la fluidité du traffic	– der Verkehrsfluß
l'embouteillage, l'encombrement, le bouchon	– der Stau
l'heure de pointe	– die Stoßzeit
le carrefour	– die Kreuzung
le stationnement	– das Parken

le parking	– der Parkplatz
se garer	– parken
le parcomètre	– die Parkuhr
le disque de stationnement	– die Parkscheibe
le reseau de transport urbain	– das städtische Verkehrsnetz
le réseau de communication	– das Verkehrsnetz
le plan de circulation	– der Verkehrsplan
interdire les centres aux voitures	– die Autos von den Innenstädten fernhalten
la pollution de l'air/atmosphérique	– die Luftverschmutzung
l'air impur	– die schmutzige Luft
peu polluant	– umweltfreundlich
le bruit	– der Lärm
le vacarme de la rue	– der Straßenlärm
l'isolation sonore/acoustique	– der Schallschutz
le piéton	– der Fußgänger
la rue/zone piétone	– die Fußgängerzone
la voie/piste cyclable	– der Fahrradweg
l'urbanisation	– die Verstädterung
l'urbanisme moderne	– der moderne Städtebau
l'urbaniste	– der Städteplaner
l'industrie automobile	– die Automobilindustrie

5.7 Spezialwortschatz: l'environnement/la nature

la pollution de l'environnement	– die Umweltverschmutzung
la protection de l'environnement	– der Umweltschutz
polluer/protéger l'environnement	– die Umwelt verschmutzen/schützen
préserver la nature	– die Natur bewahren
la réserve	– das (Natur)schutzgebiet
la politique commune de l'environnement	– die gemeinsame Umweltpolitik
le ministère de l'environnement	– das Umweltministerium
le ministre de l'environnement	– der Umweltminister
la centrale nucléaire	– das Atomkraftwerk
les déchets	– die Abfälle
les déchets nucléaires	– die radioaktiven Abfälle
la sécurité nucléaire	– die Reaktorsicherheit
rester sous contrôle	– unter Kontrolle bleiben
le circuit naturel	– der natürliche Kreislauf
l'écologie	– die Ökologie, der Naturhaushalt
l'équilibre naturel	– das natürliche Gleichgewicht
des installations d'épuration	– umweltschonende Einrichtungen
la dépollution	– die Verringerung der Verschmutzung
purifier	– reinigen
le recyclage	– das Recycling
le pot catalytique	– der Katalysator
l'essence sans plomb	– das bleifreie Benzin
l'atmosphère	– die Erdatmosphäre
le réchauffement de l'atmosphère	– die Erwärmung der Erdatmosphäre
la couche d'ozone	– die Ozonschicht

5.8 Spezialwortschatz: la télévision

regarder la télévision	– fernsehen
avoir la télévision	– einen Fernseher haben
le récepteur	– der Fernseher
l'écran	– der Bildschirm
le magnétoscope	– der Videorecorder
une émission	– eine Sendung
enregistrer une émission	– eine Sendung aufnehmen
une émission de télévision/télévisée	– eine Fernsehsendung
une émission sportive télévisée	– eine Sportsendung
la télévision par câble	– das Kabelfernsehen
la télévision par satellite	– das Satellitenfernsehen
être câble	– verkabelt sein
le programme	– das Programm (die Sendungen)
la (deuxième/troisième) chaîne	– das (zweite/dritte) Programm
diffuser	– ausstrahlen
la diffusion	– die Ausstrahlung
le documentaire	– der Dokumentarfilm
le document animalier	– der Tierfilm
le film policier	– der Krimi
un film captivant	– ein spannender Film
le film de science fiction	– der Science-fiction-Film
un film en version originale	– ein Film in Originalsprache
le feuilleton	– die Serie
un film passe à la télévision	– ein Film kommt im Fernsehen
la publicité	– die Werbung
le spot publicitaire	– der Werbespot
la publicité des jouets	– die Spielzeugwerbung
le journal télévisé, les actualités	– die (Fernseh)Nachrichten
les médias	– die Medien

5.9 Faux amis

théorique, théoriquement	– theoretisch
l'ordinateur	– der Computer
l'imprimeur	– der Drucker
l'avenir	– die Zukunft
futur(e)	– zukünftig
dans ces conditions	– unter diesen Bedingungen
dans ces circonstances	– unter diesen Umständen
le processus	– der Prozess (Verlauf)
la question de savoir si	– die Frage, ob
certains/beaucoup/ quelques-uns d'entre eux	– einige/viele/ manche von ihnen
un homme politique	– ein Politiker
catastrophique	– katastrophal
l'un d'eux	– einer von ihnen
quelque chose de bon...	– etwas Gutes...
dire quelque chose	– etwas sagen
sans rien dire	– ohne etwas zu sagen

quelqu'un s'en est aperçu	– jemand hat es bemerkt
sans que personne s'en aperçoive	– ohne daß es jemand bemerkt
c'est de ma/sa faute	– das ist mein/sein, ihr Fehler
j'ai entendu parler/dire que ...	– ich habe gehört, daß ...
(ne pas) avoir le temps de faire qc	– (keine) Zeit haben, etw. zu tun
toujours	– immer, immer noch
toujours la même chanson	– immer das gleiche Lied
pas toujours	– nicht immer
toujours pas	– immer noch nicht
il ne m'aide pas toujours	– er hilft mir nicht immer
le problème n'est toujours pas résolu	– das Problem ist immer noch nicht gelöst
elle m'écrit toujours	– sie schreibt mir immer noch
le sentiment	– das Gefühl, die seelische Empfindung
l'impression	– das Gefühl, der Eindruck
j'ai l'impression que	– ich habe das Gefühl, den Eindruck, daß
le sens de qc	– der Sinn für etw.
(ne pas) avoir le sens de l'orientation	– (k)einen guten Orientierungssinn haben
avoir du bon sens	– einen gesunden Menschenverstand haben
l'idée	– die Idee, die Vorstellung
se faire une idée de qc, s'imaginer qc	– sich etw. vorstellen
n'avoir aucune idée	– keine Ahnung haben
s'imaginer qc	– sich etw. vorstellen, einbilden
rappeler qc à qn	– jmdn. an etw. erinnern, jmdm. etw. ins Gedächtnis rufen
se rappeler qc	– sich an etw. erinnern, sich etw. ins Gedächtnis rufen
se souvenir de qc	– sich an etw. erinnern
si mes souvenirs sont bons/si j'ai bonne mémoire	– wenn ich mich recht erinnere
bon	– 1. gut 2. richtig
juste, exact, correct	– fehlerfrei, korrekt
mauvais(e)	– 1. schlecht 2. falsch
faux, fausse	– falsch, unecht, gefälscht
la bonne/mauvaise solution	– die richtige/falsche Lösung
amener qn	– jmdn. mitbringen
emmener qn	– jmdn. wegbringen
apporter qc	– etw. mitbringen
emporter qc	– etw. wegbringen
recevoir qc (du courrier, un cadeau)	– etw. (geschickt, geschenkt) bekommen
obtenir qc (p.ex. un prix, un bon résultat)	– etw. (durch eigene Anstrengung) bekommen
toucher de l'argent (p. ex. un salaire)	– (regelmäßig) Geld bekommen (z.B. ein Gehalt)
avoir une note, un logement, un poste	– eine Note, eine Wohnung, eine Stelle bekommen
âgé(e)	– alt (Personen)
les personnes agées, un monsieur âgé	– die älteren Leute, ein älterer Herr (höflich)
vieux, vieille	– alt (Personen und Sachen)

les veilles gens	– die alten Leute
une vieille maison	– ein altes Haus
ancien(ne)	– nachgestellt nur bei Sachen: alt; vorangestellt bei Sachen und Personen: ehemalig
les monuments anciens	– die alten Denkmäler
mon ancien professeur	– mein ehemaliger Lehrer
un ancien cloître	– ein ehemaliges Kloster
un, une autre	– ein anderer, eine andere (weiterer, weitere)
différent(e)	– anders, verschiedenartig
une autre solution	– eine andere (weitere) Lösung
une solution différente	– eine andere (verschiedenartige) Lösung
de l'autre côté de la rue	– auf der anderen Straßenseite, auf die andere Straßenseite
c'est autre chose	– das ist etwas anderes
l'étranger	– der Ausländer
l'inconnu	– der (unbekannte) Fremde
l'invité	– der Gast
l'hôte	– der Gast (literarisch, ungebräuchlich)
Dieu seul le sait	– Gott allein weiß es (eingeschränktes Subjekt)
il n'y a que Dieu qui le sache	– (eingeschränktes Subjekt)
l'homme ne vit pas seulement de pain	– der Mensch lebt nicht von Brot allein (eingeschränktes Objekt)
il ne fait que travailler	– er arbeitet nur; er tut nichts anderes als arbeiten (eingeschränktes Verb)
très	– sehr (bei Adjektiven und Adverbien)
beaucoup	– sehr (bei Verben)
c'est très beau	– das ist sehr schön
cela me plaît beaucoup	– das gefällt mir sehr
comme, que, qu'est-ce que	– wie (bei Ausrufen)
comme, que, qu'est-ce que c'est beau!	– wie schön ist das!
comme	– genauso wie (bei Vergleichen)
comme le père	– wie der Vater
comme d'habitude	– wie gewöhnlich
comme cela	– so
comme si	– wie wenn
comme s'il était le patron	– wie wenn er der Chef wäre
comment	– wie, auf welche Weise
comment avez-vous fait cela	– wie haben Sie das gemacht
comment se fait-il que ...?	– wie kommt es, daß ...?
aussi ... que	– genauso ... wie (bei Adjektiven)
il est aussi gentil que son frère	– er ist genauso nett wie sein Bruder
ce n'est pas aussi grave que cela	– das ist nicht so schlimm
combien	– wieviel, wie (sehr)
si tu savais combien j'ai souffert	– wenn du wüßtest, wie sehr ich gelitten habe
enfant (ohne Präposition)	– als Kind
en, en tant que, comme	– als, in der Eigenschaft als
en tant que maire je vous conseille ...	– als Bürgermeister rate ich Ihnen ...
il parle en connaisseur	– er spricht als Kenner
elle travaille comme secrétaire	– sie arbeitet als Sekretärin
recevoir qc en cadeau	– etw. als Geschenk, geschenkt bekommen

5.10 Wortfeld: Grammatik

l'accent aigu	– der Accent aigu, der Akut
l'accent grave	– der Accent grave, der Gravis
l'accent circonflexe	– der Accent circonflexe, der Zirkumflex
l'accord	– die Übereinstimmung, die Kongruenz
l'actif	– das Aktiv, die Tatform
l'adverbe	– das Adverb
adverbial	– adverbial
l'affirmation	– die Bejahung
l'apposition	– die Apposition
l'article	– der Artikel
l'attribut	– das Attribut
l'auxiliaire	– das Hilfsverb
le cas	– der Fall
causal	– kausal
la césure	– die Zäsur
le comparatif	– der Komparativ
le complément	– die Ergänzung, die Bestimmung
le complément circonstanciel	– die Umstandsbestimmung
le complément de lieu	– die Umstandsbestimmung des Orts
le complément d'objet direct	– das Akkusativobjekt
le conditionnel	– das Konditional
la conjonction	– das Bindewort, die Konjunktion
la conjugaison	– die Konjugation
consécutif	– konsekutiv
la consonne	– der Konsonant, der Mitlaut
la concordance des temps	– die Zeitenfolge
le datif	– der Dativ, der Wemfall
la déclinaison	– die Deklination
décliner	– deklinieren
défectif	– defektiv, unvollständig
défini	– bestimmt
démonstratif	– demonstrativ
la désinence	– die Endung
les deux points	– der Doppelpunkt
direct	– direkt, wörtlich
l'ellipse	– die Ellipse
épeler	– buchstabieren
l'exclamation	– der Ausruf
le féminin	– das Femininum, das weibliche Geschlecht
final	– final, zweckbestimmt
le futur	– das Futur, die Zukunft
le futur antérieur	– das zweite Futur, das Futur exakt
le génitif	– der Genitiv, der Wesfall
le genre	– das Geschlecht
le gérondif	– das Gerundium
la grammaire	– die Grammatik
le guillemet	– das Anführungszeichen
l'imparfait	– das Imperfekt, die erste Vergangenheit
l'impératif	– der Imperativ, die Befehlsform

impersonnel	–	unpersönlich
indéfini	–	unbestimmt
l'indicatif	–	der Indikativ, die Wirklichkeitsform
indirect	–	indirekt
l'infinitif	–	der Infinitiv
l'interjection	–	die Interjektion, das Ausrufewort
l'interrogation	–	die Frage, die Frageform
intransitif	–	intransitiv
invariable	–	unveränderlich
irrégulier	–	unregelmäßig
la lettre	–	der Buchstabe
la locution	–	die Redewendung
le masculin	–	das Maskulinum, das männliche Geschlecht
le mode	–	der Modus, die Aussageweise
la négation	–	die Verneinung
neutre	–	sächlich
le nom	–	das Substantiv, das Hauptwort
le nom composé	–	das Kompositum, das zusammengesetzte Wort
le nombre	–	die Zahl
le nombre cardinal	–	die Kardinalzahl, die Grundzahl
le nombre ordinal	–	die Ordinalzahl, die Ordnungszahl
le numéral	–	das Zahlwort, das Numerale
l'orthographe	–	die Rechtschreibung
le paragraphe	–	der Absatz
la parenthèse	–	der Einschub, die Parenthese
le participe	–	das Partizip, das Mittelwort
le passé composé	–	das Perfekt, die zweite Vergangenheit
le passé simple	–	das historische Perfekt, das Passé simple
le passif	–	das Passiv, die Leideform
péjoratif	–	pejorativ
la personne	–	die Person
la phonétique	–	die Phonetik
la phrase	–	der Satz
le pluriel	–	der Plural, die Mehrzahl
le plus-que-parfait	–	das Plusquamperfekt
le point	–	der Punkt
le point d'interrogation	–	das Fragezeichen
le point d'exclamation	–	das Ausrufungszeichen
le point-virgule	–	der Strichpunkt
les points de suspension	–	die Auslassungspunkte
la ponctuation	–	die Zeichensetzung
la préposition	–	die Präposition, das Verhältniswort
le présent	–	die Gegenwart, das Präsens
le pronom	–	das Pronomen, das Fürwort
pronominal	–	pronominal
la proposition conditionnelle	–	der Konditionalsatz
la proposition subordonnée	–	der Nebensatz
le radical	–	der Wortstamm
réfléchi	–	reflexiv
relatif	–	Relativ-

le singulier	– der Singular, die Einzahl
le style	– der Stil
le subjonctif	– der Konjunktiv
le substantif	– das Substantiv, das Hauptwort
le suffixe	– das Suffix, die Nachsilbe
le sujet	– das Subjekt, der Satzgegenstand
la syllabe	– die Silbe
le temps	– die Zeitform, das Tempus
le tiret	– der Gedankenstrich, der Trennungsstrich
le trait d'union	– der Bindestrich
transitif	– transitiv
le tréma	– das Trema
le verbe	– das Verb, das Tunwort
la virgule	– das Komma
la voyelle	– der Vokal, der Selbstlaut
construire une phrase	– einen Satz bilden
entre crochets	– in (eckigen) Klammern
mettre un adjectif au comparatif	– ein Adjektiv steigern
utilisé en apposition	– als Apposition verwendet
accorder en genre et en nombre	– in Geschlecht und Zahl übereinstimmen
analyser une phrase	– einen Satz grammatisch analysieren
conjuguer un verbe	– ein Verb konjugieren
décliner un nom	– ein Substantiv deklinieren
en règle générale	– in der Regel
mettre l'accent sur un mot	– ein Wort besonders hervorheben
mettre un accent sur une voyelle	– einen Vokal mit einem Akzent versehen
mettre entre parenthèses	– in Klammern setzen
mettre un verbe au passé	– ein Verb in die Vergangenheitsform setzen
une proposition indépendante	– ein selbständiger Satz
une tournure impersonnelle	– eine unpersönliche Wendung
une voyelle ouverte/fermée	– ein offener/geschlossener Vokal

B. ABITURAUFGABEN MIT LÖSUNGSVORSCHLÄGEN

Aufgabe 1

Texte

Lycéens, qu'attendez-vous de l'Europe?

Notre magazine a interrogé 2 000 lycéens des 12 pays de la Communauté pour savoir ce qu'ils pensent du grand marché européen. Une majorité y est favorable, environ quatre lycéens sur dix balancent entre le pour et le contre, et moins de 10% y sont franchement hostiles. Pour la première fois, les lycéens d'Europe ont la parole!

5 Construire le grand marché européen sera l'affaire des dix ou quinze prochaines années. Autant dire votre affaire. Vous êtes une immense majorité à trouver que le bilan sera globalement positif. Quel supercadeau l'Europe va-t-elle vous apporter dans sa corbeille de mariée? En priorité la paix, dites-vous. Les lycéens allemands, néerlandais, grecs et anglais l'ont placée en tête du hit-parade. Si votre génération des
10 années 50 a jeté les premières bases de l'Europe, c'est aussi et surtout à la paix qu'elle pensait.

Mais c'est aussi dans le domaine culturel que l'Europe devrait faire sentir ses bienfaits. Les lycéens français et italiens en sont les plus convaincus. L'Europe nous fera voir d'autres horizons, d'autres cultures. „Les préjugés que les autres peuples ont sur nous
15 tomberont", espère un jeune Allemand. „Cela élargira les horizons des Britanniques qui jusqu'à présent se souciaient assez peu de ce qui se passe en Europe", affirme un Anglais. Une crainte toutefois surgit ici ou là: n'allons-nous pas, à l'occasion de ce grand mélange, perdre notre identité culturelle? „Chaque peuple a le devoir moral de protéger sa culture, sa langue, son histoire", s'écrie un lycéen de Munster. D'autres
20 craignent que derrière l'Europe unie se profile l'Europe uniforme et que du Nord au Sud, bouffe (1), fringues (2) et loisirs soient identiques.

Autre espoir, bénéficier d'un enseignement plus stimulant. Au moins trois lycéens sur quatre aimeraient, s'ils en avaient la possibilité, poursuivre leurs études dans un pays de la CEE. Lequel? … la France. Sept pays sur douze l'ont placée en tête de la liste.
25 Pourquoi un tel engouement (3)? Davantage pour notre qualité de vie, semble-t-il, que pour le confort de nos universités. Mais aussi parce que l'enseignement du français, même s'il est en recul dans les pays européens, reste très répandu. Pourtant, l'Europe de 1992 n'obtient pas la moyenne dans toutes les disciplines. Elle devra repasser au moins deux épreuves, l'emploi et l'environnement.

30 Avec ses 17 millions de chômeurs, l'Europe fait peur et les lycéens ne croient pas qu'un coup de baguette magique fera passer les demandeurs d'emploi à la trappe (4). Les plus pessimistes sont les jeunes Grecs. Que craignent-ils? „Que des étrangers, mieux formés que nous, viennent occuper les postes qualifiés", dit l'un d'entre eux. Mais ailleurs, on est à peine plus assuré. „Les entreprises iront s'installer là où la main-
35 d'œuvre est bon marché, au Portugal, en Espagne, en Grèce, et cela fera moins d'emplois chez nous", remarque une lycéenne de la région de Grenoble.

Du Nord au Sud, on estime aussi que notre environnement va souffrir d'une Europe plus dynamique. Comme si développement rimait invariablement avec pollution.

A part ces quelques réserves, L'Europe séduit. Ainsi trois jeunes sur quatre pensent
40 qu'au cours de leur vie professionnelle ils seront amenés à travailler quelques années dans un autre pays européen et ils sont même un peu plus nombreux à le souhaiter.

PHOSPHORE, édition mai 1989 (545 mots)

Explications

(1) la bouffe (pop): nourriture, repas
(2) les fringues (pop): vêtements, habits
(3) l'engouement: enthousiasme, admiration excessive
(4) faire passer à la trappe: ici: faire disparaître

Devoirs
Grammaire

1. Complétez et modifiez le texte suivant selon les indications données; écrivez en entier le texte modifié en changeant l'ordre des mots là où ce sera nécessaire et en respectant l'accord. Il faut

/1/ mettre l'adjectif possesssif qui convient;
/2/ remplacer le(s) mot(s) souligné(s) par le pronom qui convient;
/3/ mettre la proposition soulignée à la voix passive/la voix active;
/4/ mettre le(s) mot(s) nécessaire(s) pour obtenir une construction relative;
/5/ remplacer la construction soulignée par une construction équivalente;
/6/ mettre la construction demandée par le contexte;
/7/ mettre la proposition entre parenthèses à la forme négative;
/8/ mettre le mot entre parenthèses à la forme voulue par le contexte.

Depuis le 1er janvier 1993, tout citoyen de la Communauté européenne a en principe le droit d'exercer ... /1/ activité professionnelle dans chaque pays membre. Pour arriver à ce résultat /2/, la Commission de Bruxelles a publié trois cents directives /3/, ... /4/ harmonisent les législations aussi parfaitement que possible.
Dans le marché unique, la Cour de justice européenne à Luxembourg peut être saisie par chaque citoyen /3/. Pour les professions qu'on réserve /5/ aux diplômés, chaque diplôme a une valeur européenne. Ainsi, les médecins ont le droit de s'établir partout, ... /4/ ne pose pas de grands problèmes. Mais on prévoit déjà qu'un vétérinaire qui a échoué /5/ à ... /1/ examens en France ira passer ces examens /2/ en Belgique ... /4/ ils sont plus faciles, (avant/revenir) /6/ s'installer dans les pays d'origine. Quand (il y a un diplôme) /7/, le principe est le principe /2/ de la reconnaissance réciproque. Un chauffeur de taxi étranger est (théorique) /8/ à égalité avec un collègue français.

Questions sur le texte
Compréhension du texte

2. Expliquez le passage suivant: „Les lycéens ... l'ont placée en tête du hit-parade." (l. 8/9)

3. Comment les jeunes jugent-ils l'Europe dans le domaine culturel? Référez-vous aux lignes 12-21.

4. Quelles sont leurs craintes en ce qui concerne le domaine de l'emploi?
5. „Comme si développement rimait invariablement avec pollution." (l. 38)
   Qu'est-ce que l'auteur du texte veut exprimer par cela?

Commentaire de texte

6. Comment l'auteur du texte cherche-t-il à susciter l'intérêt de ses jeunes lecteurs? Donnez deux exemples.
7. C'est la „qualité de vie!" (l. 25) française qui, selon l'auteur, amène beaucoup de lycéens européens à vouloir poursuivre leurs études en France. Qu'est-ce qu'il comprend, à votre avis, par cette notion?

Commentaire personnel

8. Exposez vos idées sur deux des questions suivantes.
   Ecrivez quatre à cinq phrases par sujet.
   a) Croyez-vous que le grand marché européen puisse contribuer à faire tomber les préjugés nationaux? Justifiez votre opinion.
   b) Beaucoup de gens ont peur que par suite d'une Europe unie les pays membres perdent leurs particularités régionales. Partagez-vous cette crainte?
   c) Si vous aviez eu la possibilité de voter pour ou contre le traité de Maastricht, quelle aurait été votre décision? Donnez vos raisons.
   d) A quelles conditions seriez-vous prêt(e) à vivre et à travailler à l'étranger?

Version

9. Traduisez le texte suivant.

Ce qui étonne le plus, dans l'histoire de la construction européenne, ce n'est pas sa lenteur, mais sa rapidité. L'intégration communautaire, depuis quarante ans, progresse comme un fleuve qui va de sa source vers son embouchure, en s'élargissant. Les hommes et les nations sont guidés par une seule volonté: ne jamais revoir entre Français et Allemands ce qui se produit aujourd'hui entre Serbes et Croates.

En 1946, Winston Churchill lançait son appel à l'unité. Puis Paris et Bonn fondaient la première communauté, limitée au charbon et à l'acier. Entrait ensuite en vigueur le Marché Commun. Avec quelque retard, d'autres Etats rejoignaient le groupe. On élisait alors un Parlement européen au suffrage universel, on créait un système monétaire. Les compétences de la Communauté se multipliaient, le vote à la majorité facilitait les décisions, la politique étrangère et la défense entraient prudemment dans le partage des responsabilités.

L'Europe unie arrivera; car perdre un peu de pouvoir sur le plan national, c'est gagner beaucoup de puissance sur le plan international.

Yann de l'Ecotais, L'EXPRESS, 20 décembre 1991

Lösungsvorschlag

1. Depuis le 1er janvier 1993, tout citoyen de la Communauté européenne a en principe le droit d'exercer <u>son</u> activité professionnelle dans chaque pays membre. Pour arriver à <u>cela, trois cents directives ont été publiées par la Commission de Bruxelles, avec lesquelles</u> harmonisent les législations aussi parfaitement que possible.

   Dans le marché unique, <u>chaque citoyen peut saisir la Cour de justice européenne à Luxembourg.</u> Pour les professions <u>réservées</u> aux diplômes, chaque diplôme a une valeur européenne. Ainsi, les médecins ont le droit de s'établir partout, <u>ce qui</u> ne pose pas de grands problèmes. Mais on prévoit déjà qu'un vétérinaire <u>avoir échoué</u> à <u>ses</u> examens en France ira <u>les</u> passer en Belgique, <u>où</u> ils sont plus faciles, <u>avant de revenir pour</u> s'installer dans le pays d'origine. Quand <u>il n'y a pas de diplôme</u>, le principe est <u>celui</u> de la reconnaissance réciproque. Un chauffeur de taxi étranger est <u>théoriquement</u> à égalité avec un collègue français.

2. Les lycéens pensent que c'est surtout la paix que le grand marché européen nous donnera. Selon eux, c'est l'aspect le plus important.

3. D'une part, les jeunes croient que l'Europe unie leur permettra de mieux connaître les cultures des autres pays et que les gens éprouveront moins de ressentiments les uns envers les autres. D'autre part ils craignent que les différences entre les pays européens en ce qui concerne les langues, les vêtements, la nourriture etc. disparaissent de plus en plus.

4. Quelques lycéens craignent que le nombre déjà très élevé des chômeurs monte encore dans certains pays, parce que le grand marché européen facilitera la production dans d'autres pays où le coût du personnel est plus bas.

5. Il y a des gens qui croient que le progrès dans le domaine de l'industrie et de l'économie détruira forcément la nature encore davantage. Ils pensent donc que le progrès et la destruction de l'environnement vont inséparablement ensemble.

6. L'auteur fait croire aux jeunes que leur opinion est importante en les encourageant de dire ce qu'ils pensent de l'Europe. Il leur donne l'impression que c'est ni les hommes politiques ni les adultes qui comptent maintenant mais eux, les jeunes. („Pour la première fois, les lycéens d'Europe ont la parole." l. 4)

   De plus, il leur dit en s'adressant directement à eux que c'est eux qui seront responsables de l'Europe puisque, dans dix ou quinze ans, quand l'Europe unie sera peut-être une réalité, ce seront alors eux, les adultes. Il leur dit donc que l'Europe les concerne le plus.

7. Selon l'auteur ce sont surtout les agréments de la vie en France qui attirent les jeunes, comme la bonne cuisine, les jolis paysages et la mentalité gaie des Français. C'est parce que c'est agréable pour eux de vivre en France qu'ils veulent y faire leurs études et non pas parce que cela est meilleur pour les études.

8. a) Quoiqu'on ait de plus en plus la possibilité de connaître d'autres pays et d'autres cultures en voyageant, en regardant la télévision, en rencontrant des étrangers dans le pays même, il existe toujours des préjugés nationaux.

Le grand marché européen fera rapprocher encore davantage les gens des différents pays. Il leur permettra de travailler à l'étranger et de franchir les frontières encore plus facilement.

Mais à part cela, le grand marché européen n'apportera pas que des avantages. Il aggravera la concurrence sur le marché du travail ce qui suscitera de la jalousie et des ressentiments.

Pour ma part, je crois que le marché européen ne fera pas tomber les préjugés, c'est-à-dire les ressentiments à cause de cette concurrence plus grave. On n'arrêtera pas de dire que les Italiens sont des feignants, que les Allemands sont des Nazis etc., pour prendre son avance dans le domaine économique.

8. b) Dans les dernières 20 ou 30 années, les différences entre les pays européens ont considérablement diminué. Partout on écoute la même musique, on porte les mêmes vêtements et on peut manger les mêmes plats.

Avec le marché commun les particularités des pays disparaîtront encore plus – on aura le même argent, par exemple – parce que ce n'est plus le pays, mais toute l'Europe qui compte.

En revanche, on réagira peut-être à ce développement en soulignant les particularités des pays, comme on le fait pour les régions.

A mon avis, ceux qui craignent que les pays perdent leurs particularités régionales ont raison parce que, en se rapprochant dans le domaine économique, ils se rapprocheront sur le plan culturel aussi. Je crois que les mesures qu'on prend pour éviter ce phénomène ne seront pas efficaces, puisqu'elles sont artificielles.

8. c) Moi, j'aurais voté contre le traité de Maastricht.

Il m'apporte certes des avantages. Je peux plus facilement travailler à l'étranger, par exemple, ce qui est intéressant pour moi. Mais pour les régions un peu sous-développées comme l'Estremadura en Espagne, par exemple, cela comporte des inconvénients. Il est vrai qu'on „aide" de telles régions, mais cela veut dire qu'on les aide surtout à exploiter leur nature encore davantage. Exposées à une concurrence plus brutale, ces régions ont besoin de ces „aides".

Je crois que le traité de Maastricht fait semblant de réunir les peuples et leur apporter la paix, mais en réalité il aggrave la concurrence et l'hostilité entre eux.

8. d) Cela m'intéresserait beaucoup de vivre et de travailler à l'étranger pour un certain temps, surtout pour perfectionner la langue.

En voyageant à l'étranger pendant les vacances, on a une certaine impression du pays, mais, je trouve qu'on ne le connaît pas vraiment. Ce n'est qu'en y travaillant et en parlant la langue qu'on connaît la mentalité des gens.

Mais je n'y irais qu'à condition que mon séjour soit limité et que mon travail ne soit si trop dur, me permettant de sortir pour entrer en contact avec les gens, ce qui prend du temps.

Bref, j'aimerais bien vivre et travailler à l'étranger si cela n'est pas pour toujours et que je suis encore jeune et indépendant(e). Je crois que tout le monde doit faire cela pour élargir son horizon.

9. Das Erstaunlichste an der Geschichte der Entstehung Europas ist nicht ihr langsamer, sondern ihr schneller Verlauf. Die Einbindung der einzelnen Teile, die seit 40 Jahren im Gange ist, schreitet fort wie ein Fluß, der von seiner Quelle bis zur Mün-

dung immer breiter wird. Die Menschen und die Nationen sind von einem einzigen Wunsch geleitet: niemals wieder zwischen Franzosen und Deutschen das zu erleben, was sich heutzutage zwischen Serben und Kroaten abspielt.

1946 appellierte Winston Churchill an die Einheit. Danach gründeten Paris und Bonn die erste Gemeinschaft, die sich zunächst auf Kohle und Stahl begrenzte. Dann trat der gemeinsame Markt in Kraft. Mit einiger Verzögerung schlossen sich andere Staaten der Gruppe an. Man wählte dann in einer allgemeinen Wahl ein europäisches Parlament, und man gründete ein Währungssystem. Die Kompetenzen der Gemeinschaft vervielfältigten sich, das Mehrheitswahlrecht erleichterte die Entscheidungen, die Außen- und Verteidigungspolitik begannen behutsam, sich die Verantwortung zu teilen.

Das vereinigte Europa wird kommen, denn ein wenig Macht auf nationaler Ebene verlieren, heißt, viel Macht auf internationaler Ebene gewinnen.

Aufgabe 2

Texte

L'apartheid dans le 15 ème

Danièle, 29 ans, est infirmière. Elle a longtemps vécu et travaillé en Afrique. En novembre dernier, elle est revenue en France. Elle habite un studio dans un petit immeuble ancien situé dans le XVe arrondissement de Paris.

Danièle a gardé des contacts avec quelques amis africains. A l'occasion, mais assez
5 rarement, lorsque l'un d'entre eux se rend en France, il vient rendre visite à Danièle.

Il y a quelques semaines, justement, Jean-Claude, un fonctionnaire camerounais (1), s'est présenté chez Danièle. La jeune femme était partie faire des courses au pied de son immeuble.

Elle avait laissé un petit carton sur sa porte, indiquant qu'elle serait bientôt de retour.
10 Jean-Claude a donc attendu sur le palier. Lorsque Danièle est revenue, elle a croisé un de ses voisins dans l'escalier. Un homme avec lequel elle n'avait encore jamais parlé. Danièle, en effet, ne connaît que sa voisine de palier (2) et la concierge de l'immeuble. Cet homme lui a dit: „Madame, on vous attend."

Danièle l'a remercié, elle est montée chez elle et elle a trouvé Jean-Claude. Deux ou
15 trois semaines plus tard, Danièle a reçu une lettre de sa propriétaire. Celle-ci lui demande d'abord le remboursement d'une facture de téléphone. Puis, suit un paragraphe tout à fait étonnant: „J'aborde maintenant un sujet beaucoup plus délicat: vous êtes dans un très petit immeuble où tout le monde se connaît depuis des années et où une personne qui entre ou qui sort, en particulier de sexe masculin, en particulier de
20 couleur, ne manque pas d'attirer l'attention et les commentaires. Et il s'ensuit des récriminations (3) à l'attention de la locataire."

Et ce n'est pas fini. Le paragraphe qui suit est un chef-d'œuvre d'hypocrisie: „Chacun est libre bien sûr de mener la vie qu'il veut mais en respectant son prochain … Je me demande donc", poursuit la propriétaire, „s'il ne conviendrait pas d'habiter un de ces
25 grands buildings anonymes et très modernes, car ils ont deux ou trois entrées, dont une pour le garage. Ainsi personne ne ferait attention à vos visiteurs …".

Voilà un témoignage de racisme qui a au moins le mérite de la franchise! Pas de Noirs chez moi, Madame, cela fait mauvaise impression!

Et si vous n'êtes pas contente, le syndic (4) va vous demander de quitter les lieux
30 …Oui, la lettre se termine par cette menace voilée … menace qui vient de se préciser par une nouvelle lettre de la propriétaire où l'on peut lire: „La morale courante n'admet pas une suite de visiteurs ininterrompue, soit de jour ou de nuit, visiteurs de tout âge et de toutes couleurs. Les co-propriétaires préparent une pétition pour exiger votre départ. Je vous demande donc d'en fixer vous-même la date au 10 mai."

35 Danièle n'a pas l'intention de se laisser faire (5) … Mais elle est encore bouleversée par cette révélation: L'apartheid, ça existe aussi dans le 15e arrondissement …

Vocabulaire
(1) camerounais: qui vient du Cameroun
(2) la voisine de palier: la voisine du même étage
(3) une récrimination: un reproche
(4) le syndic: der Hausmeister, der Verwalter
(5) se laisser faire: sich gefallen lassen

Devoirs

Compréhension

1. Résumez la situation de ce passage comme si vous étiez la propriétaire. Commencez ainsi:
„Un jour, je reçois un coup de téléphone de …"

Analyse

2. Pourquoi est-ce que le texte parle d'un „chef-d'œuvre d'hypocrisie"? (l. 22)
3. Comparez le contenu et le ton des deux lettres.

Commentaire

4. Imaginez-vous la lettre de réponse de Danièle.

Lösungsvorschlag

1. Un jour, je reçois un coup de téléphone d'un monsieur qui habite dans un petit immeuble situé dans le XVe arrondissement. Il me dit qu'il doit me faire savoir quelque chose de bien délicat: Sa voisine, une jeune femme, qui est ma locataire, accueille beaucoup de personnes parmi lesquelles des noirs, de sexe masculin qui traînent sur le palier, quand elle n'est pas là.
Il dit que, pour lui, cela fait baisser la qualité de vie considérablement, puisqu'il habite dans le même immeuble. Il me prie de contacter cette femme et de lui proposer de déménager si elle ne fait pas cesser ces visites.

2. D'une part, la propriétaire écrit dans sa première lettre que tout le monde a le droit de vivre à son gré, supposé que cela ne nuise à personne.
D'autre part, en disant que Danièle serait plus tranquille dans un immeuble anonyme, elle la menace de la mettre à la porte parce qu'elle accueille des amis de couleur. Elle fait croire que cela serait un avantage pour Danièle, comme si elle voulait l'aider en la protégeant des récriminations des voisins.

3. Le contenu est très dur à digérer: La propriétaire demande à Danièle de quitter la maison en l'accusant d'une manière voilée de prostituion: „La morale courante n'admet pas une suite de visiteurs ininterrompue, soit de jour ou de nuit, visiteurs de tout âge et de toutes couleurs.

   En ce qui concerne le ton, en revanche, elle se sert de formules très prudentes et polies. Au lieu de lui faire des reproches directs, elle les cache sous des exemples qui ont l'air évident „dans un immeuble où une personne qui entre ou qui sort … ne manque pas d'attirer l'attention … (l. 18-20). Et il s'ensuit des récriminations (l. 20)." Et pourtant, Danièle doit très bien savoir que c'est d'elle dont la propriétaire parle. Celle-ci exige sur un ton très poli que Danièle déménage. Elle se sert d'une question et du conditionnel: „Je me demande donc s'il ne conviendrait pas … (l. 23-24)".
   Le contenu et le ton ne vont donc pas du tout ensemble.

4. Madame,

J'ai été très surprise des deux lettres que je viens de recevoir de votre part.

En effet, sur l'indice d'un voisin raciste, vous me reprochez de recevoir des amis de couleur. Vous dites que chacun est libre de mener la vie qu'il veut tout en me prescrivant quels amis j'ai le droit de recevoir. Dans votre deuxième lettre vous m'accusez même de la prostitution et vous exigez que je déménage. Si ce n'est que les voisins qui n'acceptent pas mes invités, comme vous prétendez, pourquoi voulez-vous que je déménage? C'est vous la propriétaire. A qui est-ce que je nuis en accueillant des amis de couleur?

Ne pouvez-vous pas vous imaginer qu'on peut avoir des relations amicales avec une personne de couleur et de sexe masculin? Avez-vous jamais parlé avec un Africain? Faites l'essai! Vous constaterez que ce ne sont pas des monstres. Vous croyez sans doute que les Africains sont ici seulement pour balayer les rues et pour ramasser les ordures. Quand on n'a plus besoin d'eux, on les renvoie. Mais, ce n'est pas aussi simple que cela. Ce sont des êtres humains dont on ne peut pas se servir comme d'une machine.

A quoi est-ce que cela sert de les mettre à part ici? Est-ce qu'il ne serait pas mieux de connaître leur culture? Je crois que nous pouvons en profiter aussi. J'ai vécu longtemps en Afrique. Je vous assure que je ne me suis jamais fait refouler par personne. En ce qui concerne l'hospitalité, les Africains ont des leçons à nous donner.

De toute façon, je n'accepte pas ce que vous dites et je ne me fais pas mettre à la porte parce que j'ai des amis de couleur. Ce n'est pas un crime quand même.

Dans l'attente de votre lettre, veuillez agréer, Madame, mes salutations distinguées.

Aufgabe 3

Texte

Minguettes (1): le calme après la tempête

Elle attend l'autobus sous l'auvent fouetté par la pluie. La soixantaine, encore blonde, mais fanée, usée. Assis sur l'étroite banquette, trois jeunes bavardent. Deux „clairs", un „sombre". C'est ce dernier qui, d'une façon très naturelle et tout en continuant sa conversation, se lève et cède sa place. Que pense-t-elle du geste? „Ici les gens sont
5 très gentils, très attentifs les uns aux autres. Et je dirais même, surtout les immigrés."

Incroyable mais vrai: nous sommes aux Minguettes (1), la ZUP (2) la plus célèbre de France depuis qu'elle servit, au début des années 80, de cadre à de rudes affrontements entre jeunes Beurs (3), immigrés, Fançais de souche (4) ... et policiers. C'est vrai que les Minguettes ont changé, „physiquement et moralement". Le vandalisme n'y
10 a plus droit de cité; les cabines téléphoniques sont impeccables. Les abords des tours sont propres, les halls d'entrée n'offrent plus cet aspect dégradé et misérable qu'ils avaient autrefois.

La moitié des 26.000 habitants de cette forêt de tours sont étrangers. On y voyait naguère surtout des Maghrébins ou des Africains. Aujourd'hui, il s'y greffe des Turcs,
15 des Asiatiques, des Antillais ... „La très grande diversité des ethnies, des races et des religions rend la cohabitation plus facile. Il existe tant et tant de différences que l'on a plus vite fait d'essayer de se comprendre que de vouloir se haïr", commente une des assistantes sociales implantées sur le quartier.

Mais il n'y a pas que cela. Les Minguettes d'autrefois étaient désolantes de médiocrité
20 architecturale. Par conséquent, tout le monde se retrouvait dehors, où ce n'était guère plus joyeux. Le chômage mêlé au désespoir du déracinement, le malaise des jeunes Beurs, ni tout à fait français, ni tout à fait étrangers, rejetés par le reste de la communauté des Minguettes, tout cela composait un dangereux cocktail.

„L'opération de fond a commencé avec le réaménagement de plusieurs tours et le
25 dynamitage de certains autres", résume Jean Grané, dirigeant de l'une des sociétés d'HLM de la ZUP. „Dans le même temps, on a transformé pas mal de logements en bureau, afin d'avoir dans la journée des gens différents de ceux qui y logent. Puis on a installé de petits commerces: boulangerie, café-tabac, marchand des journaux, épiceries orientales ouvertes tard le soir. Autant de points de rencontre où l'on se salue et
30 où l'on échange des informations sur le temps, les enfants. Peu à peu, on a vu les habitants devenir plus sociables, s'intégrer les uns aux autres." Autre décision, importante, l'affectation aux étudiants d'une tour du quartier Monmousseau. Très bien logés, à des conditions hors concurrence, ils ont afflué de tous les horizons, composant une mosaïque internationale.

35 Enfin, il faut ajouter au chapitre l'influence des travailleurs sociaux, sans lesquels rien ne pouvait être possible. Au centre social „Roger Vailland", Arlette Cavillon, enthousiaste et chaleureuse, détaille les opérations menées sur la ZUP: fêtes, grandes bouffes (5), journées folkloriques intégrant les écoliers et leurs parents. „Les habitants ne demandent qu'à coexister en bonne intelligence. Le tout est de leur donner des outils",
40 explique Arlette.

Tous les problèmes de fond ne sont pas réglés pour autant: le chômage, le manque de formation des jeunes, la drogue, la délinquance. Ici, comme partout. Mais malgré tous ces soucis, la vie en commun a trouvé aux Minguettes une respiration plus paisible.

Annette Kahn, LE POINT, 16 avril 1990

Explications

(1) les Minguettes: quartier de la banlieue de Lyon
(2) ZUP: (Zone à Urbaniser par Priorité) quartier de banlieue généralement habité par des classes défavorisées
(3) Beur: jeune d'origine maghrébine né en France
(4) Français de souche: Français d'origine purement française
(5) la bouffe: ici: le repas

Devoirs
Grammaire

1. Complétez et modifiez le texte suivant selon les indications données: écrivez en entier le texte modifié <u>en changeant l'ordre des mots</u> là où ce sera nécessaire et <u>en respectant l'accord</u>. Il faut

/1/ mettre le pronom qui convient;
/2/ mettre l'adjectif possessif qui convient;
/3/ relier la phrase à la précédente pour obtenir une construction relative;
/4/ mettre la phrase à la voix passive;
/5/ remplacer l'expression soulignée par le pronom démonstratif qui convient;
/6/ mettre le mot qui convient;
/7/ remplacer la construction soulignée par une construction équivalente;
/8/ mettre le verbe entre paranthèses à la forme du passé qui convient;
/9/ mettre le verbe entre paranthèses à la forme voulue par le contexte;
/10/ mettre le(s) mot(s) qui convien(nen)t.

Les enfants de l'école de la rue de Tanger apprennent l'arabe en deuxième langue. Mais …/1/ ne fait qu'améliorer … /2/ résultats dans les autres matières. Au départ, l'école accueillait surtout des enfants défavorisés. 45 % de ces enfants étaient d'origine maghrébine /3/. Les parents un peu plus privilégiés la boudaient /4/. <u>Ces parents</u> /5/ n'hésitaient pas à demander la permission … /6/ envoyer les enfants dans une autre école. „Nous en avions assez <u>qu'on nous considère</u> /7/ comme synonymes d'échec scolaire", explique Gérard Bresson, le directeur. Alors, l'équipe <u>qui animait</u> /7/ l'école (décider) /8/ d'éviter les classes ghettos pour proposer des classes dans … /1/ les enfants non francophones sont mêlés … /6/ petits Français. Puis, l'idée leur (venir) /8/ … /6/ proposer à tous les enfants d'apprendre l'arabe. „ … /10/ nous intéressait, explique G. Bresson, c'était le bilinguisme. Nous pensions que les enfants (être) /9/ plus avantagés plus tard s'ils (être) /8/ bilingues."

Questions sur le texte
Compréhension du texte

2. Pourquoi est-ce que l'auteur appelle les Minguettes „la ZUP la plus célèbre de France" (l. 6/7)?
3. Quels étaient les facteurs qui composaient autrefois le „dangereux cocktail" dont l'auteur parle à la ligne 23?
4. Qu'est-ce qu'il a changé dans l'aspect extérieur des Minguettes?

Commentaire de texte

5. De quelle façon est-ce que l'auteur introduit le texte et quel est l'effet qu'il veut produire à votre avis?

6. Commentez l'opinion de l'assistante sociale qui dit que la diversité des ethnies rend la vie en commun plus facile (l. 15-18).
7. Croyez-vous que l'auteur soit optimiste en ce qui concerne l'avenir des Minguettes?

Commentaire personnel

8. Exposez vos idées sur <u>deux</u> des questions suivantes. Ecrivez quatre à cinq phrases par sujet.
   a) Beaucoup d'immigrés préfèrent vivre entre eux. Que pensez-vous de cette attitude?
   b) Est-ce que vous aimeriez travailler dans un pays du tiers monde?
   c) Est-ce que vous voyez des différences entre les problèmes de l'immigration en France et en Allemagne?
   d) Est-ce que vous seriez prêt(e) à vous lier avec un(e) partenaire de couleur différente?
   e) Est-ce que vous êtes pour ou contre une politique d'immigration plus restrictive?

Version

9. Traduisez le texte suivant.

Autrefois tout semblait simple. L'immigré venait pour travailler. Il s'installait, il obtenait un statut social, puis, petit à petit, par le travail, l'usine, les syndicats, l'église, il apprenait notre culture et notre mode de vie, il devenait français. Les enfants l'étaient tout à fait, l'école de la République ayant fait son oeuvre civilisatrice.

Aujourd'hui, les immigrés arrivent de pays de plus en plus lointains et sont de plus en plus divers. Pourtant, d'une génération à l'autre, notre pays continue d'intégrer ses immigrés. Les enfants d'immigrés deviennent de plus en plus souvent cadres. Les comportements s'alignent progressivement sur ceux des Français; la connaissance de la langue d'origine diminue sensiblement, de même que la pratique de la vie religieuse. Les immigrés se fondent dans les classes populaires françaises.

Dans nombre de cités de banlieue, comme les Minguettes qui fut la cité „chaude" du début des années 80, l'intégration est une réalité.

Didier Lapeyronie, LE NOUVEL OBSERVATEUR, 13-19 septembre 1990

Lösungsvorschlag

1. Les enfants de l'école de la rue de Tanger apprennent l'arabe en deuxième langue. Mais <u>cela</u> ne fait qu'améliorer <u>leurs</u> résultats dans les autres matières. Au départ, l'école accueillait surtout des enfants défavorisés <u>dont</u> 45 % étaient d'origine maghrébine. <u>Elle était boudée par les parents un peu plus privilégiés.</u> <u>Ceux-ci</u> n'hésitaient pas à demander la permission d'envoyer les enfants dans une autre école.
   „Nous en avions assez <u>d'être considérés</u> comme synonymes d'échec scolaire", explique Gérard Bresson, le directeur. Alors, l'équipe <u>animant</u> l'école <u>a décidé</u> d'éviter les classes ghettos pour proposer des classes dans <u>lesquelles</u> les enfants non francophones sont mêlés <u>aux</u> petits Français. Puis l'idée leur <u>est venue de</u> proposer à tous les enfants d'apprendre l'arabe.
   „<u>Ce qui</u> nous intéressait, explique G. Bresson, c'était le bilinguisme. Nous pensions que les enfants <u>seraient</u> plus avantagés plus tard s'ils <u>etaient</u> bilingues."

2. Au début des années 80 les Minguettes sont devenues célèbres pour les aggressions entre Arabes, Français et policiers qui s'y sont produits.

3. „Le dangereux cocktail", c'était le mélange d'un manque de travail, donc l'ennui rimant avec le manque de perspectives quant à l'avenir et aussi la situation lamentable des jeunes Arabes qui ne faisaient partie d'aucune culture, ni maghrébine ni française.

4. En ce qui concerne l'aspect extérieur des Minguettes, on l'a amélioré considérablement: on a refait quelques bâtiments tandis qu'on en a détruit d'autres, dont l'état ne valait plus la peine de les refaire. A part cela, on y a établi beaucoup de petits magasins et des cafés.

5. L'auteur introduit le texte en retraçant d'une manière vivante une situation dans un autobus sans que le lecteur sache où cela se passe. Il questionne une dame qui sert ainsi de témoin ce qui donne un caractère original à la situation. La scène décrit par l'auteur contraste avec la rénommée négative du lieu dont l'auteur ne dit le nom qu'après, produisant un effet de surprise sur le lecteur.

   A mon avis l'auteur introduit le texte de cette façon pour susciter l'intérêt du lecteur et pour intensifier la tension.

6. Quand il n'y a que deux nationalités, des Français et des Arabes par exemple, il est presque inévitable qu'il y ait des hostilités entre eux. La raison en est que le choix est très facile. On n'a qu'à être pour les uns et contre les autres qu'on rend responsables pour tout ce qui va mal.

   Quand il y a plusieurs ou même beaucoup de nationalités, par contre, on est obligé de faire des différences puisque les différentes ethnies ne sont pas toutes pareilles. Cela rend la chose beaucoup plus compliquée. Les groupes sont plus petits de sorte que les ressentiments d'un groupe n'ont pas la même importance qu'ils auraient s'il n'y en avait que deux.

7. Je crois bien que l'auteur est optimiste quant à l'avenir des Minguettes. Il est exact qu'il dise qu'il y a toujours des problèmes graves, comme la drogue, par exemple, mais tout en nous rappelant que ce sont des problèmes qui existent partout. Il souligne que la qualité de vie s'est beaucoup améliorée aux Minguettes.

8. a) Les immigrés d'un pays, comme les Africains, qui vivent en France, ont toujours tendance a rester entre eux. Ils vont dans des cafés où ils ne rencontrent que des compatriotes, ils font des fêtes entre eux et ils se marient entre eux.

   D'un côté je comprends bien ce comportement puisque les gens leur remplacent le pays et les empêchent d'être tout a fait déracinés et de souffrir trop du mal du pays.

   D'un autre côté, cela signifie qu'ils ne font pas d'efforts pour entrer en contact avec les gens du pays où ils vivent et pour apprendre leur langue, puisqu'ils ne sont pas seuls, qu'ils ont leurs amis parmi leurs compatriotes. Par conséquent, ils sont isolés d'une certaine façon. Les Français, par exemple, n'ont pas la possibilité de faire la connaissance des Africains et d'abandonner leurs préjugés.

   Pour résoudre ce problème on devrait, à mon avis, proposer plus d'activités aux étrangers ce qui permettrait que les différentes nationalités se réunissent, des fêtes folkloriques communes, par exemple. Il faut que les immigrés aient contact avec leurs compatriotes et avec les gens du pays dans lequel ils vivent.

8. b) J'aimerais bien travailler dans un pays étranger, et pourquoi pas dans un pays du tiers monde.

   Cela serait même plus intéressant que de travailler dans un pays étranger européen, parce qu'en Europe, la manière de vivre ne change pas autant dans les différents pays qu'au tiers monde.

On serait certainement obligé de se débrouiller dans des conditions plus difficiles. Je pense qu'on se retrouverait souvent dans des situations imprévisibles dont on n'a pas du tout l'habitude dans les pays „civilisés".

Un séjour dans un pays du tiers monde, pas comme touriste évidemment, élargirait énormément mon horizon et me ferait mieux comprendre les problèmes de ces pays.

8. c) En France, ce sont surtout les Africains qui viennent chercher du travail, tandis qu'en Allemagne il y a les Turcs, les Grecs, les Espagnols, les Italiens et maintenant de plus en plus les habitants des pays de l'est, comme les Polonais, par exemple.

Il y a des liens plus forts entre la France et les Africains qu'entre l'Allemagne et ses travailleurs étrangers. La raison en est que beaucoup de pays de l'Afrique sont des anciennes colonies. Ses habitants peuvent plus facilement vivre et travailler en France que les Turcs en Allemagne. Le gouvernement français est plus responsable d'eux.

Il en résulte que leur nombre est plus grand et que beaucoup d'entre eux se sont naturalisés Français. Quand on est dans une station de métro à Paris, le grand nombre de travailleurs immigrés saute aux yeux.

L'avantage en est qu'ils s'assimilent plus facilement parce qu'ils ont déjà connu la culture française dans leurs pays d'origine. Le désavantage en est que la France ne peut pas si facilement se débarrasser d'eux, quand elle n'a plus besoin de travailleurs étrangers.

Les liens entre les Turcs et l'Allemagne, par contre, ne sont pas aussi forts, puisque la Turquie n'est pas une ancienne colonie de l'Allemagne. Moins responsables de ses travailleurs immigrés, le gouvernement allemand peut plus facilement les renvoyer quand il n'a plus besoin d'eux.

8. d) Comme je serais prêt(e) à me lier avec un partenaire étranger, je serais prêt(e) à me lier avec un partenaire de couleur différente aussi.

Je crois que la couleur de la peau n'est qu'une qualité extérieure qui n'a rien à voir avec le caractère de la personne qui, à mon avis, est la seule chose qui soit vraiment importante.

S'il y a quelque chose qui m'empêche de me lier avec un(e) Africain(e), par exemple, ce sont peut-être les traditions différentes qui pourraient rendre la vie commune difficile, mais pas la couleur de la peau.

Dès qu'une personne d'origine africaine est née dans un pays européen et qu'elle parle la langue parfaitement, on apporte moins d'importance à la couleur de sa peau, ce qui prouve qu'en réalité elle ne compte pas.

En tout cas, si le caractère d'une personne me plaît, je serais en principe prêt(e) à me lier avec elle, même si elle est de couleur.

8. e) Ces derniers temps il y a une discussion de plus en plus vivante sur la nécessité de modifier la politique d'immigration.

Le nombre des étrangers qui viennent dans l'Europe occidentale pour y vivre et travailler augmente de plus en plus. A part les Africains et les Asiatiques, il y a depuis quelques années les Polonais, les Russes et les autres habitants des pays de l'Europe de l'est. Comme le taux du chômage est déjà assez élevé, chez nous, la plupart d'entre eux ne trouvent pas de travail. De plus, il est très difficile pour eux de trouver un logement puisque le nombre d'appartements bon marché est petit chez nous. Ils vivent donc dans des conditions misérables, condamnés à ne rien faire de la journée.

Il en résulte que beaucoup d'entre eux deviennent criminels. L'état dépense de grandes sommes pour les nourrir et les loger.

D'autre part, on se plaint que la dénatalisation monte de plus en plus, c'est à dire qu'il y a de moins à moins de gens qui puissent payer les impôts et les rentes. Dans quelques années, quand la situation économique se sera améliorée, on aura peut-être besoin des étrangers.
ou

Je suis contre une politique d'immigration plus restrictive parce que je crois que les raisons pour lesquelles on ne veut pas des étrangers, c'est à dire l'argent qu'ils coûtent et l'espace qu'ils prennent ne servent que de prétexte. Dès qu'un état a un certain intérêt, il ne manque jamais l'argent nécessaire. A part la situation économique cela dépend des relations politiques avec leurs pays d'origine si on les accepte ou non. Dès qu'on a besoin d'eux dans le domaine politique on a l'argent pour les nourrir et les loger, même si la situation économique n'est pas bonne.
Les étrangers ne viennent pas ici par plaisir, mais poussés par la misère. Je crois qu'il faut les accepter par humanité.

9. Früher schien alles einfach. Der Fremdarbeiter kam, um zu arbeiten. Er ließ sich nieder, erhielt einen sozialen Status und erfuhr nach und nach, durch die Arbeit, die Fabrik, die Gewerkschaft und die Kirche unsere Kultur und unsere Lebensweise, er wurde zu einem Franzosen. Seine Kinder waren es völlig, da das staatliche Schulwesen sein zivilisatorisches Werk getan hatte.

Heutzutage kommen die Ausländer aus immer entfernter gelegenen Ländern und sind immer verschiedener. Dennoch integriert unser Land seine Ausländer weiterhin von Generation zu Generation. Kinder von Ausländern werden immer öfter höhere Angestellte. Ihre Verhaltensweise gleicht sich der der Franzosen immer mehr an; die Beherrschung der Heimatsprache geht deutlich zurück, ebenso wird die Ausübung der Religion immer mehr aufgegeben. Die Ausländer fassen in der französischen Arbeiterschicht Fuß.

In vielen Vororten, wie in Les Minguettes, das Anfang der 80er Jahre ein „heißes Pflaster" war, wurde ihre Integration tatsächlich erreicht.

Aufgabe 4

Texte

Bastia (1): soudain le drame

Parmi toutes les images, une seule: celle de ce gamin au visage bicolore, bleu et blanc, comme la bannière de l'OM, qui pleure dans son écharpe de supporter. Il cherche son père et son frère qui ont disparu sous la tribune tombée en ruines. Désespéré, il supplie qu'on téléphone chez lui.

La stupeur, la douleur, les questions. Des Français sont morts. Par amour du foot. Qu'est-ce qui les a tués? L'amateurisme, au moins. Il est 20 heures 20 et quelques instants. Quelques instants qui font toute la différence entre la grande fête du foot et le drame de la mort. „Les joueurs sont sur le terrain. Ils s'échauffent. Dans cinq minutes, l'arbitre donnera le coup d'envoi", racontent les deux envoyés spéciaux du Parisien (2). „Les supporters corses crient, frappent dans leurs mains, et surtout ils tapent des pieds sur les planches de la tribune montée spécialement pour le match. Nous, nous sommes là sur ces gradins d'un soir. Au dernier rang. Juste au-dessus d'eux. Tout à coup, nous tombons dans le vide. Nous ne le comprenons pas, et personne ne le comprend encore, mais la tribune vient de s'écrouler. Vingt-cinq mètres de chute. Nous sommes au sol. Nous avons mal, nous sommes touchés."

Combien de personnes tombent ainsi? Toutes n'ont pas la chance d'être au sommet de la tribune maudite, d'éviter d'être compressées. Bilan mercredi soir: 10 morts, des centaines de blessés dont une trentaine dans un état critique.

Le stade Furiani de Bastia, ce n'est pas le Heysel (3), ce „stade barbare". Furiani, ce n'est pas non plus une catastrophe naturelle, une simple fatalité, mais la conjonction, plutôt, de mille et un ingrédients.

Le principe du tirage au sort d'abord: le choix, par hasard, de celui des deux clubs qui organisera la rencontre. Un modeste club de deuxième division, doté de médiocres infrastructures, devient ainsi l'organisateur d'un grand show sportif. C'est le cas de Bastia, dont le stade peut normalement accueillir 8 500 personnes et qui a vu, en huit jours, sa capacité d'accueil portée à 18 000 places par l'adjonction (4), justement, de la tribune fatale. „Ce n'était pas sérieux de transformer un stade en un autre stade en une semaine", dira Bernard Tapie (5).

Pas sérieux, mais si tentant. Car la pression populaire est considérable. Félix Lacuesta, un ancien joueur bastiais, explique: „Il faut comprendre ce que pouvait représenter cette demi-finale, et pour la Corse, et pour le club de Bastia. Depuis le tirage au sort, toute la ville ne parlait plus que de cette rencontre, et il est bien évident que les dirigeants, assaillis de demandes de billet, voulaient faire plaisir à tout le monde." Tentant aussi pour les finances du club. Comment résister à la perspective d'un jackpot, d'une soirée de recettes comme on n'a jamais osé en rêver? Surtout pour un club qui se débat pour boucler ses fins de mois (6)?

Jean-Francois Filippi, président du SC Bastia, serait-il donc responsable? Pas si simple. „Depuis huit jours que nous préparons ce match, disait-il très abattu, nous nous sommes attachés à rechercher le maximum de sécurité. Nous avions pensé à tout, sauf à ça. Nous avons fait confiance à une société, Sud-Tribune, agréée (7) par la Fédération francaise de football. Ce matin encore, son responsable nous disait qu'il n'y avait rien à craindre, que sa tribune, c'était du béton."

Sophie Coignard et Michel Richard, LE POINT, 9 mai 1992 (580 mots)

Explications

(1) Bastia: ville corse (45 000 habitants) où se sont rencontrées, le 5 mai 1992, au stade Furiani, les équipes du SPORTING CLUB (SC) BASTIA et de l'OLYMPIQUE DE MARSEILLE (OM) pour un match de la Coupe de France
(2) Le Parisien: quotidien parisien
(3) Le Heysel: stade à Bruxelles. C'est là qu'en 1985, les fanatiques des équipes de la Juventus Turin et de Liverpool se sont affrontés sauvagement: 39 morts et 600 blessés.
(4) l'adjonction: action d'ajouter
(5) Bernard Tapie: Homme d'affaires, ancien ministre, président de l'OM
(6) boucler ses fins de mois: s'en sortir avec l'argent que l'on gagne par mois
(7) agréer: accepter, reconnaître

Devoirs
Grammaire

1. Complétez et modifiez le texte suivant selon les indications données; écrivez en entier le texte modifié en changeant l'ordre des mots là où ce sera nécessaire et en respectant l'accord. Il faut

/1/ remplacer le(s) mot(s) souligné(s) par le pronom personnel ou adverbial qui convient;
/2/ mettre l'adjectif possesssif qui convient;
/3/ remplacer la construction soulignée par une construction équivalente;
/4/ mettre les mots nécessaires pour obtenir une construction relative;
/5/ mettre en relief le passage souligné;
/6/ mettre la proposition soulignée à la voix passive/la voix active;
/7/ mettre le pronom démonstratif ou l'adjectif démonstratif qui convient;
/8/ mettre le verbe entre parenthèses au temps voulu par le contexte;
/9/ mettre le mot qui convient.

„Pas Filippi /1/, pas ça!" Ils étaient plusieurs dizaines à faire valoir … /2/ colère devant le palais de justice de Bastia: des amis, des supporters, interdisant /3/ aux cameramen de filmer l'image honteuse du président Filippi escorté de gendarmes.
„Pas Filippi! … /4/ s'est passé n'est pas … /2/ faute. Il faut taper à Paris, à la préfecture /5/." La veille, à 11 heures du matin, on avait placé Filippi /6/ en prison, à la gendarmerie de Bastia. Déjà victime d'un infarctus, le président du Sporting Club s'était soumis à l'examen d'un médecin dans les locaux de la gendarmerie /1/. Comme le médecin /7/ considérait qu'il (être)/8/ difficile de poursuivre l'emprisonnement dans les locaux de la gendarmerie, M. Filippi avait été ramené par les gendarmes /6/ au palais de justice …. /2/ amis n'avaient pas laissé tomber Filippi /1/. Ils avaient décidé de faire comprendre … /9/ magistrats par … /7/ présence lourde et constante qu'il serait raisonnable qu'on ne touche pas au président.

Questions sur le texte
Compréhension du texte

2. „Quelques instants" ont fait „toute la différence entre la grande fête du foot et le drame de la mort" (l. 7-8)
Que veut dire le passage souligné?

3. Furiani est „la conjonction … de mille et un ingrédients." (l. 20-21)
Expliquez le sens de cette phrase.

4. Décrivez la situation des organisateurs après le tirage au sort. Référez-vous aux lignes 22-42.

Commentaire de texte

5. Choisissez un des deux sujets suivants.
(A) Pourquoi le premier paragraphe est-il une bonne introduction au sujet tragique du texte? Parlez de deux aspects qui vous semblent particulièrement importants.
ou bien
(B) Pour quelles raisons les auteurs se servent-ils du rapport des journalistes du Parisien dans une longue citation?
6. Quelles sont les excuses de M. Filippi?
Qu'en pensez-vous?

Commentaire personnel

7. Exposez vos idées sur deux des questions suivantes.
Ecrivez quatre à cinq phrases par sujet.

a) Le sport joue-t-il un rôle dans votre vie? Justifiez votre attitude.
ou bien
Quel est votre sport préféré? Expliquez votre choix.
b) Dans presque tous les pays du monde, le football attire toujours les foules. Quelles sont, à votre avis, les raisons de ce succès?
c) Que pensez-vous des émissions sportives télévisées?
d) Etes-vous satisfait(e) de la façon dont le sport est enseigné à l'école?
e) Comment pourrait-on, d'après vous, éviter le hooliganisme lors des grands matches de football?

Version

8. Traduisez le texte suivant.

Les hooligans constituent depuis longtemps un casse-tête pour la police et un vaste sujet d'études pour les sociologues. Au contraire de l'opinion générale, ils ne sont pas plus chômeurs que le reste de la population. Ils se recrutent parmi ceux qui se considèrent comme les exclus d'une société en marche. Les matches de football leur permettent de sortir de l'anonymat, d'exister enfin.

Entre Anglais et Hollandais, Italiens et Belges, un seul trait d'union: des textes d'inspiration nazie, qui circulent aux portes des stades. Ainsi, on a tout d'abord pensé que les hooligans des divers pays européens étaient manipulés par une internationale fasciste. Une mission d'étude a été confiée à trois criminologues d'une université belge. Résultat: il est impossible de déceler dans leur vie ordinaire le comportement cohérent que pourrait avoir un véritable militant nazi.

Si la France souffre encore peu du phénomène, c'est parce que le football est moins important chez nous que dans les autres pays européens. Le public français est à la fois moins nombreux et moins populaire (1) qu'ailleurs.

Guy Lagorce, L'EXPRESS, 17 juin 1988 (580 mots)

Explication

(1) populaire: plébéien; se rapporte ici aux couches inférieures de la population

Lösungsvorschlag

1. „Pas lui, pas ça!" Ils étaient plusieurs dizaines à faire valoir <u>leur</u> colère devant le palais de justice de Bastia: des amis, des supporters, <u>qui interdisaient</u> aux cameramen de filmer l'image honteuse du président Filippi escorté de gendarmes.
   „Pas Filippi! <u>Ce qui</u> s'est passé n'est pas sa faute. <u>C'est à Paris, à la préfecture qu</u>'il faut taper." La veille, à 11 heures du matin, <u>Filippi avait été placé</u> en prison, à la gendarmerie de Bastia. Déjà victime d'un infarctus, le président du Sporting Club s'<u>y</u> était soumis à l'examen d'un médecin. Comme <u>celui-ci</u> considérait qu'il <u>était</u> difficile de poursuivre l'emprisonnement dans les locaux de la gendarmerie, <u>les gendarmes avaient ramené</u> Filippi au palais de justice. Ses amis ne <u>l</u>'avaient pas laissé tomber. Ils avaient décidé de faire comprendre <u>aux</u> magistrats par <u>cette</u> présence lourde et constante qu'il serait raisonnable <u>de ne pas toucher</u> au président.

2. Ce passage veut dire que l'écroulement de la tribune, événement tout à fait imprévu, était une vraie catastrophe qui a, tout à coup, fait virer l'ambiance gaie au drame.

3. La catastrophe de Furiani n'était pas causée par une seule faute, mais par beaucoup de détails.

4. Les organisateurs, choisis par le tirage au sort, étaient les responsables d'un petit club de sport ayant peu d'argent. Ils n'avaient pas les moyens nécessaires pour organiser un grand spectacle comme cela. Etant responsables de la réputation du club et même de la Corse, ils ne pouvaient résister ni aux gens, qui voulaient absolument assister à ce spectacle, ni à la possibilité de gagner beaucoup d'argent par la vente de billets supplémentaires. De plus, il n'y avait aucune raison de se méfier de la société qui avait construit la tribune.

5. A) Le premier paragraphe décrit la situation d'un garçon désespéré, sans que le lecteur sache déjà ce qui s'est passé. En lisant l'introduction, il devine peu à peu qu'il s'agit d'une catastrophe, dans un stade de sport.

5. B) Les auteurs se servent du rapport de journalistes du Parisien parce que cela rend le texte plus vivant, puisque les journalistes sont des temoins oculaires. Comme ils racontent en discours direct ce qu'ils ont vu, le lecteur a l'impression que toute la tragédie s'écoule de nouveau sous ses yeux; c'est la raison pour laquelle la citation a l'effet de rendre le rapport encore plus touchant.

6. Les excuses de M. Filippi sont que le SC Bastia a tout fait pour bien préparer ce match sur le plan de sécurité. Il dit qu'ils ont pensé à tout sauf à une catastrophe à cause d'une tribune qui pouvait s'écrouler. M. Filippi explique qu'une autre société, Sud Tribune, était responsable pour la sécurité de la tribune.

   A mon avis, M. Filippi a tort quand il dit que ce n'est pas sa faute, car il aurait dû contrôler la qualité des tribunes. En tout cas, c'est le président qui est responsable pour la sécurité du stade. Il me semble qu'il veut seulement faire retomber la catastrophe sur le dos des autres.

7. a) Le sport joue bien un rôle dans ma vie, parce que je sens qu'il est bon pour la santé et pour le psychique de faire un peu de sport de temps en temps.

Après un tour en montagne ou une partie de tennis par exemple, on se sent mieux. Cela procure beaucoup de plaisir de faire du sport avec quelqu'un d'autre ou dans un groupe, et cela ressere les liens d'amitié.

Mais, je crois qu'il ne faut pas exagérer. Le sport doit être quelque chose d'amusant et pas de militant.
ou

Mon sport préféré, c'est le jogging.
Je préfère ce sport d'une part parce qu'il est simple:
D'abord, il ne faut ni un équipement spécial ni d'entrainement.
Ensuite, on peut le pratiquer soit tout seul, sans être obligé de se retrouver avec quelqu'un, soit avec des amis, ce qui est amusant aussi. Enfin, je le préfère parce qu'on le pratique en plein air, dans la nature.

Je n'aime pas les sports qui coûtent cher et qu'on ne peut pratiquer que pendant une période limitée de l'année, comme le ski, par exemple.

7. b) A mon avis, il y a plusieurs raisons qui expliquent pourquoi le football attire les foules, presque dans le monde entier.

D'abord, il est très facile pour tout le monde de jouer au foot, parce qu'il ne faut pas avoir beaucoup d'argent. On n'a besoin que d'un ballon et d'une paire de chaussures. Il y a des terrains de football dans toutes les villes ou on peut jouer gratuitement. Il n'y a presque pas de garçon qui n'ait pas joué au football de sa vie. Ceux qui ont déjà joué eux-mêmes aiment bien regarder jouer les autres.
Ensuite, le football n'est pas un sport individuel, mais un sport d'équipes, ce qui est plus intéressant pour la plupart des gens. Enfin, l'ambiance dans un stade rempli de supporters rivalisants a quelque chose de fascinant. C'est magnifique, même à la télé.

7. c) Tous les grands matches de sports populaires, surtout de football sont montrés à la télévision. Cela démontre qu'il y a un grand intérêt parmi la population à les regarder.

Il est sans doute plus intéressant de regarder un match dans un stade parce qu'il y a l'ambiance d'un grand spectacle.
Cela n'est pas le cas quand on regarde un match à la télé, mais on peut suivre tous les grands matches sans être obligé d'acheter des tickets et de prendre une place qui coûte cher ou qui ne donne pas une vue suffisante.

Je crois que les émissions sportives télévisées sont très pratiques pour la plupart des gens, qui n'ont ni les moyens financiers ni le temps d'aller dans un stade. Il manque certes l'ambiance, mais grâce aux caméras on peut voir les situations les plus intéressantes en fait mieux qu'en réalité.

7. d) A l'école, les cours de sport sont obligatoires.

On n'y apprend pas un seul sport, mais plusieurs, la natation, l'athlétisme, le football, etc., ce que je trouve bien.
Il y a des notes, mais on n'est pas obligé de redoubler une classe quand on a échoué au sport. Cette matière n'a donc pas la même importance que les langues, les mathématiques, etc.
Mais pourquoi y a-t-il des notes?

Je pense que le sport doit être soit une matière pour s'amuser et pour se distraire, soit une matière ayant la même valeur que les autres matières.

7. e) Les grands matches de football attirent toujours les foules. Il existe une rivalité entre les deux groupes de supporters. Si cette rivalité, inoffensive normalement, est exagérée, elle peut tourner en haine et en aggression. Il y a des gens qui vont dans les stades exprès pour se battre, les hooligans. C'est un phénomène qui n'existe que depuis quelques années.

Je suis d'avis que le hooliganisme est un produit de la concurrence brutale, dans notre société, qui concerne aussi le sport. Les hooligans sont des gens plutôt faibles, dans la vie normale.

Une chose simple qu'on peut faire pour diminuer au moins le hooliganisme, c'est d'interdire la consommation d'alcool pendant les matches. Mais est-ce que cela résoud vraiment le problème?

Je crois que c'est surtout l'importance des spectacles qu'il faut minimiser. Il faut se rendre compte qu'il s'agit du sport, d'un jeu, de quelque chose d'amusant et pas d'une sorte de guerre.

Pour éviter vraiment le hooliganisme, il faudrait améliorer les conditions sociales pour tout le monde, une chose qui n'est pas facile.

8. Die Hooligans bereiten der Polizei seit langem Kopfzerbrechen und bieten den Soziologen ein weites Studienfeld. Im Gegensatz zur gängigen Meinung gibt es unter ihnen nicht mehr Arbeitslose als unter dem Rest der Bevölkerung. Sie stammen aus Gruppen, die sich zu den Ausgestoßenen einer gut funktionierenden Gesellschaft zählen. Fußballspiele ermöglichen es ihnen, aus der Anonymität herauszutreten, ja überhaupt erst vorhanden zu sein.

Zwischen Engländern und Holländern, Italienern und Belgiern gibt es ein einziges einigendes Band: Nazi-Texte, die an den Eingängen der Stadien in Umlauf sind. Deshalb glaubte man zuerst, daß die Hooligans der verschiedenen europäischen Länder von einer internationalen faschistischen Organisation gelenkt würden. Ein Studienauftrag wurde an drei Kriminologen einer belgischen Universität vergeben. Das Ergebnis: Es ist unmöglich, aus ihrem gewöhnlichen Leben das typische Verhalten herauszufiltern, das ein echter militanter Nazi haben könnte.

Daß Frankreich noch wenig unter dem Phänomen zu leiden hat, liegt daran, daß Fußball bei uns weniger wichtig ist als in den anderen europäischen Ländern. Das französische Publikum ist einerseits weniger zahlreich und setzt sich andererseits weniger aus der Arbeiterschicht zusammen als anderswo.

Aufgabe 5

Texte

A propos de voiture ...

... Regardez le mari d'Odette, il était simple ouvrier, maintenant il est chef d'équipe ou je ne sais quoi; il a suivi des stages; un jour il sera contremaître (1). Chez Simca (2).
– Là où on déchire sa carte syndicale (3) en entrant?
– A quoi leur servirait-elle? dit M. Aignan. Ils ont beaucoup plus d'avantages qu'ail-
5 leurs. Robert est très content. Il a sa voiture.
– Est-ce qu'un ouvrier aurait eu sa voiture autrefois? Le mari de notre femme de ménage, vous voyez bien. D'ailleurs, il ne peut même plus la garer devant l'usine, ils en ont tous, ils n'ont plus la place.
– Autrefois, les voitures n'existaient pas.
10 – C'est même comme ça qu'on en arrive à ne plus pouvoir circuler ni les uns ni les autres, dit M. Aignan. Vous savez combien j'ai mis des Champs-Elysées ici? Vous ne le croiriez pas. Et pour se garer, même l'avenue Henri-Martin (4) est pleine comme un oeuf.
– D'ouvriers de chez Simca?
15 – Ceux-là ou d'autres, une voiture tient toujours à peu près la même place.
– C'est tout de même un scandale, dit Irène. On devrait faire quelque chose. Rationner, empêcher que tout le monde puisse en acheter si facilement.
– Et où suggérez-vous (5) que l'on mette les voitures qui sortent des usines?
– Hein? dit Irène. On n'a qu'à en faire moins. Plus cher.
20 – Il y en a qui n'ont même pas le nécessaire pour manger, dit Mme Aignan, ils donnent des pommes de terre à leurs gosses. Mais ils ont leur voiture. Ils sont fous avec ça.
– Et la chaîne (6), Irène, qu'est-ce que vous en ferez?
– Plaît-il?
– La chaîne, elle fabrique sans arrêt, non? Et les voitures sortent. Alors il faut les ven-
25 dre. Alors on invente le crédit pour que les gens qu'on ne paye pas assez puissent les acheter tout de même. Qu'est-ce que vous voulez qu'ils en fassent sinon?
– Mais l'industrie automobile est une des premières de France! se fâche M. Aignan. Elle fait travailler des centaines de milliers de gens qui, sans elle, seraient au chômage!
30 – Ah bien, alors c'est parfait. Vous mettez une heure et demie pour venir des Champs-Élysées pendant que moi en métro je mets vingt minutes, et tout va pour le mieux dans le meilleur des mondes.
– Et toi, bien entendu, tu as une solution! coupe Philippe en toute hâte et furieux. Tu vas régler la production, et la circulation, et tout, toi!

Christiane Rochefort: Les Stances à Sophie (Grasset)
(Publié dans: LE FRANÇAIS DANS LE MONDE, n° 71, Mars 1970 p. 29-30)
425 Wörter

Localisation du passage

La conversation suivante se déroule au cours d'un repas réunissant une famille parisienne: M. et Mme Aignan, leur fille Irène et leur fils Philippe.

Annotations

(1) contremaître n.m. — celui qui est responsable d'un groupe d'ouvriers plus grand qu'un groupe surveillé par un chef d'équipe
(2) Simca — usine d'automobiles
(3) carte syndicale — carte des membres d'un syndicat ouvrier (= association) qui a pour objet la défense des intérêts des ouvriers)
(4) avenue Henri-Martin — avenue dans le 16e arrondissement de Paris, près du Bois de Boulogne
(5) suggérer — ici: penser, proposer
(6) chaîne — ici: chaîne de montage

Devoirs

Sujets d'étude

1. Résumez en quelques lignes les opinions et les arguments des interlocuteurs.
2. Regroupez ces arguments autour de quelques thèses essentielles.
3. Ces arguments sont-ils typiques d'une certaine classe sociale?
4. Est-ce que les interlocuteurs parlent toujours sur le même ton?
5. Qu'est-ce qu'il faudrait faire pour résoudre la crise urbaine causée par l'invasion de l'automobile?

Lösungsvorschlag

1. Il y a deux sujets dont on parle dans ce texte:
   D'abord la situation des ouvriers et puis, le problème que pose la grande quantité de voitures.
   Parmi les interlocuteurs, il y a deux partis:
   Les parents sont d'avis que les ouvriers qui travaillent dans l'industrie automobile, chez Simca, vont beaucoup mieux que ceux qui sont employés autre part. M. Aignan dit que cela est évident quand on se rend compte que presque tous les ouvriers ont leurs voitures.
   Une autre opinion prononcée dans le texte, par la fille Irène, est que les ouvriers de Simca ne sont pas privilégiés pour plusieurs raisons: d'abord, on n'y accepte pas que les ouvriers défendent leurs intérêts, puis, on ne les paie pas assez, ensuite, ce n'est pas le luxe d'avoir une voiture, aujourd'hui par rapport à d'autrefois où les voitures n'existaient pas, et enfin, les ouvriers en achètent souvent à crédit.

   En ce qui concerne les voitures, tous sont d'accord sur le point qu'il y en a trop. M. Aignan se plaint qu'on ne puisse presque plus se garer et que le déplacement en voiture prend beaucoup de temps. Mais quand même, il est contre l'idée d'Irène, d'en réduire la production, parce que c'est dangereux pour l'industrie automobile qui empêche beaucoup de gens d'être au chômage. Irène s'inquiète plutôt quant à la pollution de l'environnement. Elle dit qu'il faut produire moins de voitures et faire monter les prix pour que les gens en achètent moins.

2. Les parents pensent que les ouvriers chez Simca n'ont pas de quoi se plaindre. Irène est d'avis qu'ils ne sont pas dans une bonne situation, quand même. Quant aux voitures, elle dit qu'il faut réduire leur nombre, tandis que son père ne veut pas qu'on nuise à l'industrie automobile, qui est un secteur important de l'économie.
3. Les arguments des parents sont typiques d'une classe supérieure, en bonne situation, puisqu'ils sont du côté de l'industrie, disant qu'elle paie bien les ouvriers et qu'il ne faut absolument pas lui faire prendre des risques. A leur avis il doit y avoir des différences entre les couches sociales. Ils pensent que ce n'est pas normal que tant d'ouvriers aient leurs voitures.

    Les arguments d'Irène sont plutôt typiques d'une classe intellectuelle et jeune. Elle est sans doute étudiante. Elle se sent solidaire des ouvriers comme elle est d'avis que l'industrie ne leur donne pas assez d'argent. Pour elle, les problèmes que causent les voitures sont plus importants que l'économie. Elle pense, qu'au fond, il est facile de les résoudre.
4. D'abord, il semble qu'on parle sur un ton assez calme. Il n'y a qu'Irène qui donne des répliques provocantes (l. 3, 14). Au cours de la discussion, les interlocuteurs se fâchent de plus en plus. C'est d'abord M. Aignan (l. 27), puis Irène (l. 30-32), qui parle sur un ton ironique et enfin Philippe, qui „coupe en toute hâte et furieux" (l. 33).
5. Le nombre croissant des voitures pose de plus en plus de problèmes, surtout dans les grandes villes. Il y a des rues où la vie est presque insupportable à cause de l'air pollué et du bruit. Par conséquent, les gens quittent les centres. Il est difficile de se garer et on met beaucoup de temps pour aller au travail en voitures parce que, pendant les heures de pointes il y a des embouteillages.

    Il y a plusieurs possibilités de faire face à ce problème:
    Quelques hommes politiques réclament qu'on fasse monter le prix de l'essence, les impôts et le prix des voitures et qu'on n'admette que des voitures peu polluantes, c'est à dire celles qui out un pot catalytique.
    Dans quelques villes, on essaye de retenir les voitures des centres en y rendant le stationnement difficile: on réduit le nombre des parkings et on installe des parcomètres. Au lieu de construire de nouvelles rues ou d'en élargir d'autres, on les rend plus étroites. On espère que, par ces mesures, les automobilistes commenceront à en avoir assez d'aller en ville en voiture et qu' ils y renonceront à bon gré.
    Mais, comme l'industrie automobile est un secteur très important dont beaucoup d'autres dépendent, il faut être très prudent quoi qu'on fasse pour réduire le nombre des voitures.

    Je crois quand même que les mesures qu'on prend dans quelques villes sont très bonnes surtout parce qu'elles ne nuisent pas à l'industrie automobile. Même si on ne va plus dans le centre en voiture, on la garde quand même. A mon avis, on doit aller encore plus loin. On doit interdire les centres aux voitures, surtout en été quand la pollution de l'air est encore plus elevée. Je trouve très bon qu'on soutienne de plus en plus les cyclistes en construisant des voies cyclables et en installant des parkings pour les bicyclettes.

Aufgabe 6

Texte

Les chevaux sauvages

Voilà une petite guerre dont on ne parle pas beaucoup en ces temps de ferveur écologiste: celle qui oppose les randonneurs (1) à l'envahissement progressif des espaces naturels par les „engins motorisés de loisir". Le nouveau snobisme en vogue – allègrement encouragé par les messages publicitaires des firmes de véhicules tout terrain –
5 consiste à battre la campagne, les plages, la moyenne montagne et la forêt en 4 x 4 (2) ou à moto „verte". En quelques années, ce phénomène a pris, en France, des proportions alarmantes.

Non seulement les randonneurs qui ont marché de longues heures en forêt ou en montagne, à la recherche d'un peu de calme, ne supportent plus de voir débouler (3) au
10 coin d'un chemin creux un 4 x 4 hurlant ou une meute de motos pétaradantes, mais des espaces naturels jusqu'ici préservés commencent à être dangereusement dégradés. „Dans les zones semi-arides, quand la roche est atteinte, la formation d'un nouveau sol prendra des centaines d'années. Des départs d'érosion dans les alpages ont déjà été isolés", constate Max Falque, dans son étude très pessimiste qu'il vient de ter-
15 miner, à la demande du ministère de l'Environnement.

La direction régionale de l'agriculture d'Auvergne vient de déclarer „en péril" les sites les plus fréquentés par ces nouveaux „sportifs": le Sancy, le puy de Dôme, le puy Mary et le plomb du Cantal (4).

La France sert, en outre, de champ d'évolution aux principaux adeptes européens du
20 tout-terrain: les Allemands (100.000 véhicules immatriculés) et les Suisses (45.000). Comme leurs pays manifestent un respect scrupuleux pour l'environnement, l'usage des 4 x 4 et des motos vertes est strictement interdit chez eux: les amateurs viennent donc faire des dégâts chez le voisin français, d'ailleurs très conciliants dans ce domaine. En RFA paraissent des guides, aussi luxueux que détaillés, donnant à l'amateur la
25 meilleure façon d'aller sillonner (5) les espaces sauvages de l'Hexagonel, guides qui n'hésitent pas à présenter la Camargue comme un „paradis d'aventures". La RFA et la Suisse ont généralisé l'interdiction de ces véhicules en dehors des voies publiques, et la répression y est très efficace.

L'Hexagone n'a toujours pas statué (6) sur cette pratique. Seuls l'Office national des
30 forêts et les parcs nationaux proscrivent cette nouvelle forme de pollution sur leurs territoires. Mais avec des sanctions dérisoires. Ailleurs, les interdictions restent du ressort des maires, qui ont tendance à laisser libre cours à l'invasion, quand ils ne l'encouragent pas: la Fédération des maires ruraux y voit une „nouvelle clientèle pour le tourisme rural".

35 „Il faut, au contraire, réagir au plus tôt, avant que cet engouement (7) ne se transforme, par imitation, en phénomène de masse que l'on ne pourrait plus maîtriser", prévient Max Falque. Ce qui ne saurait tarder. Renault et Chrysler viennent de s'associer pour mettre sur le marché français un „4 x 4 de prix abordable" dès 1992.

En conclusion de son étude, Max Falque réclame d'urgence la seule mesure capable
40 de casser ce marché qui risque de se transformer en nouvelle catastrophe écologique:
„Il faut établir une interdiction générale, avec des dérogations (8) strictement limitées
pour certains espaces."

Eric Conan, L'EXPRESS, 25 août 1989

Explications

(1) randonneur: personne qui fait une randonnée
(2) 4 x 4: voiture à quatre roues motrices
(3) débouler: ici: apparaître brusquement
(4) Le Sancy, le puy de Dome ...: sommets dans le Massif central
(5) sillonner: ici: parcourir en tous sens
(6) statuer: régler par une loi
(7) engouement: admiration excessive, enthousiasme immodéré
(8) dérogation: ici: exception

Devoirs
Grammaire

1. Complétez et modifiez le texte suivant selon les indications données; écrivez en entier le texte modifié en <u>changeant l'ordre des mots</u> là où ce sera nécessaire et <u>en respectant l'accord</u>. Il faut

/1/ mettre le pronom relatif ou le pronom démonstratif qui convient;
/2/ mettre l'adjectif possessif qui convient;
/3/ remplacer la construction soulignée par une construction équivalente;
/4/ mettre le mot qui convient;
/5/ remplacer le(s) mot(s) souligné(s) par le pronom personnel ou adverbial qui convient;
/6/ mettre le mot entre parenthèses à la forme voulue par le contexte;
/7/ mettre le verbe au passé composé;
/8/ relier la phrase à la précédente pour obtenir une construction relative;
/9/ mettre le passage souligné à la voix passive.

L'environnement, c'est l'espace dans ... /1/ nous vivons. L'espace quotidien de notre travail n'est pas le même que ... /1/ de ... /2/ vacances. L'air ... /1/ nous respirons, la rivière ... /1/ nous pêchons, les pentes sur ... /1/ nous skions - la liste est longue des lieux <u>constituant</u> /3/ autant ... /4/ facettes particulières de notre environnement. Chacune des <u>facettes</u> /5/ associe à des éléments naturels les marques (laisser) /6/ par l'homme. Le milieu naturel où les ancêtres (s'installer) /7/ change toujours. Il est le résultat d'une évolution. L'origine de cette évolution nous est (mauvais) /6/ connue /8/. Il est facile de repérer <u>ce que l'homme a construit</u> /9/, les chefs-d'oeuvre construits pour célébrer la gloire d'un dieu ou d'un roi: temples et cathédrales, palais et châteaux, etc. Mais le pont, la ferme, l'outil, la maison témoignent aussi sur ... /2/ époque. Ces signes de l'activité humaine s'inscrivent dans l'environnement, participent <u>à l'environnement</u> /5/ et modifient <u>l'environnement</u> /5/.

Questions sur le texte
Compréhension du texte

2. Quel est le phénomène décrit au premier paragraphe que l'auteur qualifie de „petite guerre" (l. 1)?

3. En quoi la réglementation en RFA concernant les véhicules tout terrain diffère-t-elle de celle en France?
4. Quelle est l'attitude des maires des communes rurales face à ce nouveau phénomène touristique?
5. Pourquoi le projet de Renault et Chrysler risque-t-il de contribuer à une „nouvelle catastrophe écologique" (l. 40/41)?

Commentaire de texte

6. Par quels moyens l'auteur exprime-t-il son opinion sur les amateurs de tout-terrain au deuxième paragraphe?
7. Pourquoi, d'après vous, l'auteur a-t-il choisi le titre „Les chevaux sauvages"?

Commentaire personnel

8. Exposez vos idées sur <u>deux</u> des questions suivantes. Ecrivez quatre à cinq phrases par sujet.
   a) Selon l'auteur, la RFA manifeste „un respect scrupuleux pour l'environnement" (l. 21). Partagez-vous cette opinion?
   b) Pourquoi, à votre avis, de plus en plus de gens rêvent-ils de posséder une voiture tout terrain?
   c) Quelles sont les conséquences du tourisme dans une région de France ou d'Allemagne que vous connaissez?
   d) Est-ce que vous croyez que les interdictions et les sanctions sont des mesures efficaces pour protéger l'environnement?
   e) L'Allemagne interdit l'usage des véhicules tout-terrain à moteur en dehors des voies publiques. Faudrait-il étendre cette interdiction aux vélos tout-terrain?

Version

9. Traduisez le texte suivant.

Le faux a fait son entrée dans le monde du tourisme avec Lascaux II, fidèle copie - réussie - de la grotte de Lascaux (1), dont le succès menaçait les peintures.
La copie de la nature suffit parfois à dissuader d'aller la voir de trop près, pour ne pas la perturber. Beaucoup de responsables mettent de l'espoir dans leur dernière idée: la vidéo. L'écomusée de Camargue montre, en direct, des oiseaux filmés par des caméras réparties dans la réserve. Le public apprécie beaucoup.
Mais pourquoi ne pas s'affranchir totalement des contraintes de la nature en offrant aux masses de pures créations? Certains hommes d'affaires ont déjà répondu: l'ère des centres de vacances et de loisirs totalement artificiels semble commencer. Les „center parks" viennent de faire leur entrée en France: ces villages disposant d'une immense coupole transparente sous laquelle on trouve piscines, jeux d'eau et plantes tropicales, dans une ambiance invariable (température de 29°C et bruit assourdissant), connaissent un franc succès.

Eric Conan, L'EXPRESS, 25 aout 1989

(1) la grotte de Lascaux: grotte dans le Sud-ouest de la France célèbre par ses peintures préhistoriques. Elle est fermée au public depuis 1963 à cause des dégâts causés par de nombreux visiteurs.

Lösungsvorschlag

1. L'environnement, c'est l'espace dans <u>lequel</u> nous vivons. L'espace quotidien de notre travail n'est pas le même que <u>celui</u> de <u>nos</u> vacances. L'air <u>que</u> nous respirons, la rivière <u>où</u> (<u>dans laquelle</u>) nous pêchons, les pentes sur <u>lesquelles</u> nous skions - la liste est longue des lieux <u>qui constituent</u> autant <u>de</u> facettes particulières de notre environnement. Chacune d'<u>elles</u> associe à des éléments naturels les marques <u>laissées</u> par l'homme.
   Le milieu où les ancêtres <u>se sont installés</u> change toujours. Il est le résultat d'une évolution dont l'origine nous est <u>mal</u> connue. Il est facile de repérer <u>ce qui a été construit par l'homme</u>, les chefs-d'œuvre construits pour célébrer la gloire d'un dieu ou d'un roi: temples et cathédrales, palais et châteaux, etc. Mais le pont, la ferme, l'outil, la maison témoignent aussi sur <u>leur</u> époque. Ces signes de l'activité humaine s'inscrivent dans l'environnement, <u>y</u> participent et <u>le</u> modifient.
2. Cette petite guerre dont l'auteur parle affronte les gens qui font des randonnées dans la nature pour trouver le calme et la paix à ceux qui cherchent l'aventure en traversant les sites sauvages en véhicules tout terrain ou en motocyclettes.
3. En Allemagne, les véhicules tout terrain ne sont admis que sur les routes et chemins publics. Les entraves sont strictement punies.
   En France par contre, il n'y a que l'Office national des forêts et les parcs nationaux qui interdisent le déplacement en véhicules tout terrain en pleine nature. Mais, comme les amendes ne sont pas importantes, cette réglementation n'est pas efficace.
4. Il est au gré des maires d'interdire les véhicules tout terrain en dehors des voies publiques ou non. Dans la plupart des cas ils n'y sont pas contre. Il y en a même quelques-uns qui encouragent la circulation en véhicules tout terrain en pleine nature parce qu'ils sont d'avis que ce nouveau sport est favorable au développement touristique.
5. Le projet de ces deux entreprises consiste à vendre une voiture tout terrain à un prix modeste pour atteindre plus de clients. Il en résulte que ce sport sera peut-être populaire à un degré qu'on ne pourra plus contrôler. Cela aura des conséquences catastrophiques pour l'environnement.
6. L'auteur décrit les amateurs tout terrain en les comparant aux randonneurs paisibles qui ne cherchent que le calme. Ceux-là apparaissent brusquement sans qu'on les aperçoive à l'avance. L'auteur décrit le bruit qu'ils font en se servant de mots onomatopéiques: „hurlant" (l. 10), „pétaradant" (l. 10). Il qualifie les motos de „meute" (l. 10). Ainsi il souligne leur caractère aggressif fait voir au lecteur que la destruction de la nature qu'ils causent apporte des problèmes vraiment sérieux. L'auteur considère donc les amateurs tout terrain comme aggressifs et destructifs.
7. Ce que les chevaux sauvages et les véhicules tout terrain ont en commun, c'est la vitesse, le manque de discipline et le fait qu'on les rencontre en groupes. Les uns et les autres parcourent les sites en pleine vitesse, en dehors des chemins publics.
   La différence c'est que les chevaux font partie de la nature, tandis que les véhicules tout terrain la détruisent. Aujourd'hui, il n'existe presque plus de chevaux sauvages parce qu'ils ne trouvent plus de place dans nos pays civilisés. En choisissant ce titre l'auteur dit que les amateurs tout terrain sont pour ainsi dire les chevaux sauvages modernes. En même temps il évoque la nature encore préservée qui contraste avec l'envahissement des véhicules tout terrain.

8. a) L'Allemagne a les lois les plus strictes de l'Europe en ce qui concerne la protection de la nature.

Les Allemands sont les premiers à introduire la voiture au pot catalytique, peu polluante. On n'a pas le droit de laver sa voiture dans la rue ni de se débarrasser de ses ordures en les jetant dans les forêts ou dans les rivières. Ceux qui ont un jardin n'ont même pas le droit de couper un arbre sans avoir obtenu la permission des autorités. Cela démontre que l'Allemagne se soucie beaucoup de l'environnement.

Mais, n'oublions pas que l'Allemagne est un des pays les plus industrialisés et les plus peuplés, c'est a dire, où il n'y a plus beaucoup de nature à protéger parce que la destruction a déjà atteint un haut degré. Les forêts et les champs sont des monocultures, les rivières sont polluées et le réseau d'autoroutes est un des plus vastes de l'Europe.

Je crois que c'est vrai que l'Allemagne a un respect scrupuleux de l'environnement, mais seulement dans des domaines peu importants. Prenons le cas de la défense de couper un arbre dans le propre jardin, par exemple.
Sous un aspect global, l'Allemagne n'est pas plus scrupuleuse quant à la destruction de la nature que les autres pays. On n'arrête pas de construire encore d'autres rues et autoroutes ni d'utiliser des pesticides. Il faut considérer aussi que l'Allemagne exporte une partie de ses déchêts les plus dangereux à l'étranger et qu'elle se débarrasse donc de ce problème d'une manière nonchalante.

8. b) Les voitures tout terrain sont vraiment à la mode en ce moment. On en voit même dans les centres ville.

Je crois que c'est surtout les émissions télévisées et la publicité qui suscitent le rêve de posséder une voiture tout terrain. Elles évoquent l'idée d'aventure, de liberté et de suprématie. Ceux qui utilisent une voiture tout terrain se sentent comme des pionniers, sur des terres inhabitées. C'est la vie réglementée dans tous les domaines qui les dégoûte. En plus, le fait de posséder une telle voiture assez chère, quand même, les fait se sentir privilégiés.

8. c) Prenons le cas des Alpes. C'est la région que je connais le mieux. Le ski et l'alpinisme y attirent des milliers de touristes chaque année.

Cette région froide, peu féconde et, à cause de la montagne, dure à cultiver a été très pauvre jadis. Grâce au tourisme ses habitants vivent beaucoup mieux aujourd'hui. La plupart d'entre eux ne travaillent plus comme agriculteurs, mais dans l'hôtellerie.

Mais le tourisme a apporté des inconvénients aussi:

Pour avoir des pistes de ski on a coupé des forêts. Pour permettre aux touristes de monter en montagne d'une manière peu fatigante, on a construit des télésièges, pour lesquels on a sacrifié encore des arbres. Quand il n'y a pas beaucoup de neige, en hiver, les skieurs descendent presque sur l'herbe de sorte que celle-ci ne pousse plus au printemps. Le manque d'arbres et d'herbe ne permet plus à la terre de rester sur place: il y a de l'érosion. Les glissements de terre qu'il y a presque tous les ans, surtout Tirol du Sud, pendant les périodes pluvieuses sont une des conséquences de ce tourisme. A part cela, l'assaut aux montagnes qu'on voit pendant certaines périodes de l'année chasse les animaux. Il n'y a presque plus d'aigles dans les Alpes, par exemple.

Je crois que, pour conserver l'attrait touristique des Alpes et avec lui le bien-être de ses habitants, il faut prendre des mesures efficaces afin d'éviter que la destruction de la nature progresse, par exemple en plantant de nouveaux arbres et en interdisant quelques parties des Alpes au tourisme.

8. d) Ces dernières années, on a essayé d'améliorer la protection de l'environnement par de nombreuses interdictions et sanctions. Aujourd'hui des contraventions sont strictement appliquées. On ne peut plus se débarrasser de ses vieux meubles ou des pneus de sa voiture, en les jetant dans la forêt ou dans une rivière sans risquer une amende. Les usines n'ont plus le droit de mettre leurs déchêts chimiques dans les fleuves, et cetera. Autrefois, tout cela était possible.

Les conséquences de ces nouvelles mesures sont évidentes: on ne voit plus les ordures s'entasser dans la nature et la qualité de l'eau de quelques fleuves, terriblement pollués autrefois, s'est améliorée énormément.
Mais, il faut considérer aussi, que beaucoup d'entreprises ne respectent pas les interdictions parce que les mesures qu'elles devraient prendre pour protéger la nature coûtent trop cher. Elles préfèrent payer une amende. C'est meilleur-marché. En Bavière, par exemple, il y a une entreprise qui vient de faire faillite parce qu'on a dépensé trop d'argent pour des installations d'épuration.

Je crois bien qu'il vant mieux d'établir des interdictions et des sanctious que de rien faire du tout. Mais, tant qu'il est plus rentable pour les entreprises industrielles de polluer l'environnement que de le protéger, ces sanctions ne seront pas efficaces à long terme. Je doute même que la protection de l'environnement soit le vrai but de ces sanctions. J'ai plutôt l'impression que, pour l'état, la valeur principale de ces amendes consiste à avoir plus d'argent tandis que la protection de l'environnement n'a qu'une valeur secondaire.

8. e) Ces derniers temps, ce ne sont pas seulement les véhicules tout terrain à moteurs, mais aussi les vélos tout terrain qui sont très à la mode.

Mais, comme ceux-ci ne font pas de bruit et qu'ils ne polluent pas l'air, ils sont moins nuisibles pour l'environnement que les véhicules à moteurs. Ils causent moins de dégâts, mais ils en causent quand même. Les amateurs de vélo détruisent les plantes et chassent les animaux qui trouvent déjà peu de refuges dans nos pays industrialisés.

C'est pour cela que je suis d'avis qu'il faudrait, en dehors des voies publiques, interdire l'usage des vélos tout terrain aussi.
Certes, faire du sport dans la nature fait sans doute du bien au corps et à l'âme. Mais est-ce que cela donne le droit de perturber la nature?

9. Das Unechte hat in die Welt des Tourismus mit Lascaux II seinen Einzug gehalten, einer originalgetreuen und wirklich gelungenen Nachbildung der Höhle von Lascaux, deren Anziehungskraft auf Touristen die Wandmalereien gefährdete.
Um Schaden zu vermeiden, genügt es manchmal, die Natur nachzubilden, und damit die Leute daran zu hindern, sie aus allzu großer Nähe anzusehen. Viele der Verantwortlichen setzten die Hoffnung auf ihre neueste Idee: Videoaufnahmen. Im Ökomuseum der Camargue kann man Vögel aus nächster Nähe beobachten, da sie von Kameras gefilmt werden, die man im Schutzgebiet verteilt hat. Das kommt bei den Besuchern sehr gut an.

Aber warum soll man dann die Natur nicht gleich ganz von der Bedrängnis befreien, indem man den Massen reine Kunstprodukte anbietet? Einige Geschäftsleute haben bereits reagiert: Die Zeit der Ferien-Center und der ganz und gar künstlichen Freizeitgelände scheint anzubrechen. Die „Center Parks" haben in Frankreich soeben Einzug gehalten: Diese Dörfer, die von einer riesigen durchsichtigen Kuppel überdacht sind, unter der sich Schwimmbecken, Wasserspiele und tropische Pflanzen in einer immer gleichbleibenden Umgebung befinden (29° C Temperatur und ohrenbetäubender Lärm), haben einen durchschlagenden Erfolg.

Aufgabe 7

Texte

I. Jean de La Fontaine:

Le corbeau et le renard

Maître Corbeau, sur un arbre perché,
Tenait en son bec un fromage.
Maître Renard, par l'odeur alléché,
Lui tint à peu près ce langage:
5 „Hé! bonjour, Monsieur du Corbeau,
Que vous êtes joli! que vous me semblez beau!
Sans mentir, si votre ramage
Se rapporte à votre plumage,
Vous êtes le phénix des hôtes de ces bois."
10 A ces mots le Corbeau ne se sent pas de joie;
Et pour montrer sa belle voix,
Il ouvre un large bec, laisse tomber sa proie.
Le Renard s'en saisit, et dit: „Mon bon Monsieur,
Apprenez que tout flatteur
15 Vit aux dépens de celui qui l'écoute:
Cette leçon vaut bien un fromage, sans doute."
Le Corbeau, honteux et confus
Jura, mais un peu tard, qu'on ne l'y prendrait plus.

II

Maître Corbeau notaire à Coulommiers
tenait en son bec un million.
Juliette Renard par l'odeur alléchée
lui tint à peu près cette chanson:
5 „Hé bonjour, Maître Corbeau
que tu me sembles beau
sans mentir je vais te le dire: je t'aime."
Maître Corbeau avait 57 ans
une femme et quatre enfants
10 et des terres, des lacs, des étangs.
„Enlève un peu ton chapeau
tu es beau, tu es beau."
Et cet argent, enfin, d'après les gens
il le tenait de ses parents
15 qui toute leur vie avaient grippé des sous comme lui
pour faire un million aujourd'hui.
„Quand tu sors de ton bureau
viens dans mon studio
rue des Grands Manteaux, c'est au sixième, je t'aime!"
20 a ces mots Maître Corbeau ne se sent plus de joie
et ouvre tout grand ses bras
„Avoir vingt ans dans tes bras, c'est extra, c'est extra!"
On ne lui avait jamais parlé comme ça
et bien sûr il donne tout ce qu'il a

25 ses maisons, ses actions, son beau million.
„Lalala, lalala"
Maître Corbeau ayant bientôt tout croqué
se mit alors à escroquer
Maître Corbeau notaire à Coulommiers
30 est bibliothécaire à la Santé.
„Je m'en vais Maître Corbeau
avec un autre oiseau.
Cette leçon vaut bien un million, sans doute!"
Et là-dessus Juliette Renard ajoute:
35 „Heureusement que ta femme est un ange,
elle t'apportera des oranges.
Dans le fond de son cachot
qu'il est beau, qu'il est beau!"
Quand il eut fait quinze ans plus deux ans de mitard
40 Gabriel Corbeau tout confus
jura, mais un peu tard,
qu'on ne l'y prendrait plus.

Texte in: D. Ewald (Hg.), La Fable. L'évolution d'un genre littéraire, Schöningh-Verlag Paderborn)

Devoirs

Compréhension

1. Résumez ce qui arrive à Maître Corbeau.

Analyse

2. Faites le portrait de Maître Corbeau.
3. Faites le portrait de Mlle Renard.
4. a) En quoi est-ce que les protagonistes des deux fables se ressemblent?
   b) En quoi est-ce qu'ils diffèrent?

Commentaire

5. Comparez les intentions des deux auteurs.

Lösungsvorschlag

1. Dans la fable de La Fontaine, Maître Corbeau a un fromage dans le bec. Un renard qui a envie de ce fromage arrive. Après avoir flatté le corbeau en louant sa beauté, il le prie de chanter. Le corbeau, très fier de ce que le renard vient de dire, ouvre son bec pour chanter. Le fromage bien sûr, tombe par terre. Le renard le prend et s'en va en donnant une leçon au corbeau. Il lui dit que tous les flatteurs profitent de ceux qu'ils flattent.

   Dans la fable moderne, Maître Corbeau est un brave homme bourgeois d'un âge avancé. Il fait la connaissance d'une jeune femme qui le flatte en disant qu'il est beau et qu'elle l'aime. Comme Maître Corbeau est très content d'entendre ces mots, ce qui ne lui arrive jamais, il se lie avec cette femme et lui donne toute sa fortune. Quand il n'a plus rien il se met à voler et il est emprisonné. Maintenant la fille le quitte pour chercher un autre homme. Avant de partir elle se moque de Maître Corbeau en disant qu'elle lui a donné une leçon.

2. Maître Corbeau est un brave homme honnête de 57 ans. Il est marié et a quatre enfants. Il exerce le métier de notaire et il vit aisément. Il a hérité beaucoup d'argent de ses parents qui, presque avares, zavaient l'habitude de faire des économies. Normalement Maître Corbeau ne gaspille pas son argent non plus.
Mais, évidemment, il a peur de vieillir et il désire une aventure. Après avoir mené une vie de brave homme, il abandonne tout à cause d'une jeune femme.

3. Mlle Renard est une jeune fille de vingt ans d'un caractère très malhonnête. Elle vit d'hommes riches qu'elle flatte pour qu'ils lui donnent leur argent. Elle prétend les aimer et adorer, mais en réalité, seul leur argent l'intéresse. Quand les hommes n'en ont plus, elle les laisse tomber.

4. a) Les deux Maîtres Corbeau sont très vaniteux et manquent d'expérience. Pour des mots flatteurs ils donnent ce qu'ils possèdent.

Les deux renards sont rusés. Ils connaissent bien les faiblesses humaines et savent comment en profiter d'eux. Ils leur disent ce qu'ils aiment bien entendre. Tout en leur faisant des compliments, ils les méprisent. Après avoir pris de ses victimes ce qu'ils possèdent, ils se moquent d'eux.

4. b) Le Maître Corbeau de La Fontaine se laisse prendre son repas par le renard, ce qui ne ruine pas sa vie, quand même. A la fin il jure qu'il ne se laissera plus jamais faire comme cela et le lecteur peut croire qu'il a vraiment tiré leçon de cette expérience. Il n'y a pas de raison d'avoir pitié de lui.

Le Maître Corbeau de la fable moderne, par contre, a une liaison amoureuse avec cette femme durant quelque temps. Peu à peu il lui donne toute sa fortune. Il va même jusqu'à la délinquance et ainsi il ruine toute sa vie. A la fin, il est trop vieux pour recommencer une nouvelle vie et pour tirer leçon de cette expérience. Il n'y a plus d'espoir pour lui, il est pitoyable.

Le renard de La Fontaine ne paraît pas vraiment négatif. Il ne fait que profiter d'un mauvais trait de caractère du corbeau: de sa vanité. Ne lui prenant que son repas, il lui donne une vraie leçon. Le corbeau peut en profiter.

Mlle Renard, en revanche, est d'un sang froid incroyable. Elle ruine ce brave homme en lui prenant tout ce qu'il possède. Quand elle le quitte, elle se moque de lui d'une manière très ironique: „Cette leçon vaut bien un million, sans doute!" (l. 16) tout en sachant que ce n'est pas une vraie leçon.

5. La fable de La Fontaine se termine par une leçon: „Apprenez que tout flatteur vit aux dépens de celui qui l'écoute. Cette leçon vaut bien un fromage, sans doute" (l. 14-16) Dans la fable moderne, cette leçon n'est pas dit expressément, mais indirectement, car l'auteur fait allusion à la leçon de la fable de La Fontaine en utilisant des mots presque identiques: „Cette leçon vaut bien un million, sans doute!" La leçon donnée par le renard est destinée aux lecteurs: il ne faut pas être vaniteux et il faut se méfier des flatteurs.

Mais, La Fontaine est beaucoup plus optimiste que l'auteur de la fable moderne. Le lecteur peut bien croire que le corbeau ne se laissera vraiment plus faire.

La fin de la fable moderne, par contre est beaucoup plus sinistre. L'auteur est très ironique quand il fait jurer Maître Corbeau qu'on ne l'y prendrait plus. Ruiné et vieux comme il est, il n'aura certainement plus l'occasion de profiter de cette leçon, puisqu'il n'a plus rien à donner. Ce n'est pas à cause de son intelligence qu'on ne profitera plus de lui. Il n'a pas du tout l'occasion de tirer leçon de cette histoire.

Contrairement à La Fontaine cet auteur fait voir au lecteur qu'il faut se méfier surtout des femmes. Il démontre qu'elles peuvent ruiner les hommes complètement, qu'elles sont capables de faire changer les qualités d'un homme tout à fait: un brave homme presque avare donne tout et finit par devenir criminel.

La fable moderne donne un image très négatif de la femme.

Aufgabe 8

Texte

Auszug aus *Vas-y, maman*

Annie Larcher a un bon mari, deux enfants, de l'argent et une charmante maison dans la banlieue parisienne. Depuis quinze ans elle n'est qu'une maîtresse de maison, profession peu appréciée par les autres membres de la famille. Lorsqu'un soir ceux-ci n'ont même pas le temps de lui dire „Bonsoir", elle en a assez.

5 Une heure plus tard, dans la chambre conjugale, vous êtes le Vésuve en éruption. Il vous semble que rien ne vous calmera plus jamais au monde. (...) Ras le bol. Vous en avez ras le bol de cette vie. Un meuble, voilà ce que vous êtes devenue. Un meuble que personne ne voit plus. Une glace transparente.
C'est vous. Votre vie, c'est quoi? Faire la bonne, la vaisselle, le ménage, en attendant
10 le retour des autres. Vous êtes l'idiote du pays. (...) Vous venez de réaliser que votre vie à vous, tout le monde s'en fout. (...)
L'Homme est foncièrement persuadé qu'il vous couvre d'or comme un fier cowboy Miss Annie la Belle du saloon au coin. Il n'entre pas dans sa tête l'idée que l'argent qu'il vous remet tous les mois sert à acheter des choses aussi ennuyeuses que des choux-
15 fleurs, de la lessive ou des chaussettes pour les enfants. (...) Vous tentez de rétablir la vérité: l'argent de l'Homme sert tout bêtement à faire vivre la famille.
– Tu en profites aussi, remarque-t-il.
Cette réflexion a le don de vous énerver encore plus. Vous faites votre boulot autant que lui, non? Et c'est un sacré travail que d'être tout à la fois femme de ménage, cui-
20 sinière, maîtresse d'école, repasseuse, secrétaire aux formalités administratives (presque un emploi à plein temps), mère attentive, épouse aimante etc. (...)
Alors, là, l'Homme a l'air sincèrement surpris. Vous n'allez quand même pas comparer les responsabilités qu'il a à l'usine et le mal que vous prenez à tourner les boutons de la machine à laver. Qu'il vous a achetée. Cette dernière remarque vous met dans une
25 rage inouïe.
Vous criez: „Bon, je te laisse tes responsabilités, tes machines à laver, ta belle maison, tes enfants, tes sous, tout. Adieu!"
Vous claquez la porte de la chambre et vous vous sauvez dans le jardin en chemise de nuit. (...) Vous hurlez à la ronde: – J'étouffe. Oui, vous en avez marre d'être la fée
30 du foyer. Merde à Spontex. Ras le bol de Mini Mir, Mini Prix.
Vous continuez: – J'en peux plus d'être toujours seule avec mes casseroles de luxe ... Bonjour, madame Tefla! Comment allez-vous Monsieur Moukine?
L'Homme apparaît au balcon de votre chambre. Horrifié par le scandale. (...)
L'Homme: - Veux-tu bien rentrer!
35 Vous: - Non! (...) J'en ai assez de n'être que la femme DE M. Larcher, la femme DE M. le P.D.G. De Merde, la femme. (...) Avant, j'étais une brillante journaliste ...
L'Homme: - C'est ça (...) Tais-toi et rentre.
Vous (dans un dernier sursaut de révolte): – Je veux être Moi.
L'Homme: – Pauvre folle! (471W.)

(aus: Nicole de Buron, Vas-y, maman, Collection j'ai lu, Gallimard, Paris)

Devoirs

Compréhension
1. Situez le texte.
2. Précisez la situation de Mme Larcher.

Analyse
3. Quel comportement de la famille provoque cette éruption de Mme Larcher?
4. Cherchez les moyens linguistiques et stylistiques. Expliquez leur fonction!
5. Comment expliquez-vous la ligne 38? („je veux être Moi")

Lösungsvorschlag
1. L'action de ce texte se passe chez la famille Larcher, qui habite dans la banlieue de Paris, dans une maison avec un jardin.
2. Avant de se marier, Mme Larcher a travaillé comme journaliste, mais, avec son mariage, elle a abandonné ce travail pour ne s'occuper que de sa famille: son mari et es deux enfants. Maintenant elle fait tous les travaux ménagers, les formalités administratives, et, bien sûr, elle s'occupe de ses enfants dont elle surveille les devoirs, aussi. Le revenu assez haut de M. Larcher permet à la famille de vivre dans une belle maison avec un jardin dans la banlieue parisienne. Et pourtant, Mme Larcher n'est pas contente de sa vie parce qu'elle se sent seule et peu comprise.
3. Le mari et les enfants n'apprécient pas le travail de Mme Larcher (l. 2/3, 9-11, 22-24). Ils ne s'en rendent même pas compte (l. 17-19). Il est tout à fait normal pour eux qu'elle fasse tout. Et pourtant, elle a complètement sacrifié son indépendance et ses propres intérêts pour sa famille (l. 35/36). Son mari se considère comme généreux quand il lui donne de l'argent pour qu'elle le dépense pour la vie quotidienne de la famille (l.12-16). N'ayant personne à qui elle puisse parler quand les autres membres de la famille sont au travail ou à l'école, elle se sent seule pendant la journée (l. 31-32). Quand les autres rentrent, ce n'est pas mieux, parce qu'ils ne lui prêtent presque pas d'attention (l. 3/4, 6-8, 10/11). Puisque son travail ne compte pas, Mme Larcher ne compte pas non plus, pour eux. Ne gagnant pas d'argent, elle n'est pas considérée comme une personne indépendante et individuelle, mais seulement comme l'annexe de son mari (l. 35/36). Finalement, Mme Larcher en a assez de cette vie de servante ni payée, ni appréciée.
4. Dans le premier paragraphe, qui sert d'introduction, l'auteur de ce texte parle de Mme Larcher en utilisant la troisième personne „elle".
A la suite, abandonnant l'usage de la troisième personne, elle dit „vous" à chaque fois qu'elle parle de la protagoniste. Elle s'adresse donc à Mme Larcher, mais aussi aux lecteurs, surtout de sexe féminin. Elle fait comme si elles étaient toutes des Mme Larcher, qui ont déjà vécu des situations pareilles. Comme cela elle souligne que ce n'est pas un problème individuel dont elle parle, mais un phénomène très répandu. L'emploi de la deuxième personne a quelque chose de familier, comme si elle connaissait Mme Larcher et les lectrices, ce qui évoque l'idée de solidarité. A part cela, confondant les lectrices à Mme Larcher, elle les encourage à faire comme celle-là, à se défendre, à se révolter.

Quand l'auteur parle de M. Larcher, elle ne dit ni „son mari" ni „votre mari" ni „M. Larcher", ce qui serait normal, mais „l'Homme". Ainsi elle contribue le comportement de celui-ci à tous les hommes. Elle fait savoir aux lecteurs que ce n'est pas seulement M. Larcher qui se comporte comme cela, mais que cette attitude est typique pour l'homme en général. En même temps, lui prenant son individualité, elle crée une distance envers M. Larcher. Le lecteur n'a pas la possibilité de s'identifier à lui. De plus, elle écrit ce mot en majuscule comme si elle parlait de Dieu, pour souligner l'importance que celui-là s'attache. Elle rappelle aux lecteurs que, dans notre société, l'homme est considéré comme supérieur à la femme, un phénomène qu'elle critique dans le texte.

Au cours du texte l'auteur change de style linguistique:
Dans l'introduction, elle se sert d'un style tout à fait sobre, discours indirect, c'est-à-dire qu'elle se sert de la troisième personne, quand elle parle de Mme Larcher.
A partir de la ligne 5, elle passe à la deuxième personne du pluriel quand elle parle d'elle.
Dans les lignes 6-10, où elle décrit la fureur de Mme Larcher, elle emploie le discours indirect, mais tout en se servant du vocabulaire qu'elle aurait utilisé pour le discours direct. Elle cite en quelque sorte les mots de Mme Larcher. C'est celle-ci qui parle, non pas l'auteur: Les phrases sont courtes, parfois élliptiques; elle en répète quelques parties et elle se sert du langage familier: „Ras le bol. Vous en avez ras le bol de cette vie. Un meuble, voilà ce que vous êtes devenue. Un meuble que personne ne voit plus …" (l. 6-8) Voilà le langage d'une personne en colère.
Il n'y a plus que l'usage du mot „vous" au lieu de „je" et deux propositions principales (l. 10/11: „Vous venez de réaliser que votre vie à vous …"; l. 15/16: „Vous tentez de rétablir la vérité …) qui font toute la différence du discours indirect et ce style-là. Ici, il s'agit d'un mélange entre discours indirect et discours direct: le discours indirect libre. Qu'il ne s'agit pas d'un vrai discours indirect est évident, quand on se rend compte que M. Larcher répond en discours direct: „-Tu en profites aussi, remarque-t-il." (l. 17)
Le discours indirect libre se trouve aussi dans les lignes 18-21, avec tout ce qui est typique du langage parlé:
langage familier: „boulot" (l. 18), „sacré" (l. 19);
question rhétorique: „non?"; (l. 19);
proposition normalement subordonnée tournée en proposition principale: „Qu'il vous a achetée" (l. 24);
Phrases simples avec peu de propositions subordonnées.

Au cours du texte, Mme Larcher est de plus en plus furieuse. Avec l'accroissement de sa fureur l'auteur passe du discours indirect libre au discours direct:
„Elle en a assez" (l. 4) - discours indirect;
„Une heure plus tard, … vous êtes le Vésuve en éruption" - discours indirect libre (l. 6);
Cette dernière remarque vous met dans une rage inouïe" (l. 24/25) - discours direct;
Comme cela le lecteur se rapproche pour ainsi dire de plus en plus du protagoniste. Au fur et à mesure que la fureur de celle-ci s'aggrave, la distance est réduite de sorte que le texte est de plus en plus dramatique. On a l'impression d'entendre Mme Larcher parler. L'auteur fait le lecteur imiter l'intonation langage parlé en écrivant en majuscule les mots soulignés par Mme Larcher: „Vous venez de réaliser que votre vie à vous, tout le monde s'en fout." (l. 10/11). „J'en ai assez de n'être que la femme DE …" (l. 35).

Quand l'auteur est arrivé au discours direct, la fureur de Mme Larcher est au comble. Maintenant, tout lui est égal, même la réputation de la famille. Elle sort de la maison et hurle dans le jardin de sorte que tous les voisins peuvent l'entendre. Elle ne garde plus du tout son sang-froid, ni dans son comportement ni dans son langage, qui est plus vulgaire maintenant: „Merde à Spontex"(l. 30); „la femme De Merde"(l. 36)

Une fois il y a encore le discours indirect libre pour se solidariser avec Mme Larcher et pour montrer aux lectrices que cela les regarde. D'une manière ironique Mme Larcher fait comme si elle parlait avec ses casseroles pour montrer sa solitude (l. 29/30). C'est du sarcasme, quand elle dit qu' elle n'est que la femme DE M. Larcher, DE M. le P.D.G. De Merde (l. 35/36). Les deux premiers „de" sont des prépositions d'appartenance, écrites en majuscule pour les souligner. Le dernier est le „de" de noblesse combiné avec „merde", le nom qu'elle donne à son mari maintenant. Elle lui dit comme cela qu'elle a l'air privilégiée („de"), mais qu'en réalité, elle ne l'est pas („merde").

Le mari de Mme Larcher ne fait que quelques remarques. C'est sa femme qui parle presque tout le temps en monologue, comme si elle profitait de l'occasion d'avoir finalement la parole pour dire tout ce qu'elle n'a pas dit longtemps. Son monologue se termine par les mots: „Je veux être Moi" (l. 38). Voila qu' elle dit en une seule phrase ce qu'elle exprime avant, dans un long monologue. Cette dernière phrase exprime l'essentiel de ses problèmes. Elle est la quintessence, le résultat auquel elle vient finalement.

„Moi" est écrit en majuscule, pour le souligner, mais aussi correspondant avec „l'Homme". De cette manière l'auteur exprime la volonté de Mme Larcher qu'on lui attribue la même importance qu'à son mari et aux hommes en général.

5. Comme maîtresse de maison, qui ne gagne pas d'argent, Mme Larcher est considérée comme l'annexe de son mari. Le travail qu'elle fait ne sert pas à son propre épanouissement, mais pour rendre plus agréable la vie des autres membres de la famille. Toutes ses activités ont ce seul but. Elle regrette son travail de journaliste qu'elle a exercé avant son mariage avec beaucoup de succès. Mme Larcher dit par la dernière phrase de son monologue qu'elle veut s'épanouir par un travail qui soit intéressant pour elle, qu'elle veut être indépendante, remarquée et appréciée. Elle ne veut plus exister uniquement au profit des autres, mais pour elle-même.

Aufgabe 9

Texte

Le bon vieux temps
Trouvez-vous qu'autrefois la vie était plus belle qu'aujourd'hui?

– Mme L., 55 ans:
Oh oui! Prenez la famille, par exemple. Autrefois, les membres d'une famille aimaient rester ensemble toute leur vie. Vou n'aviez pas autant de personnes agées obligées de finir leurs jours dans une maison de retraite. Aujourd'hui, les „croulants", on n'en
5 veut plus. Et par ailleurs, vous ne trouviez pas sur le bord des routes tous ces auto-stoppeurs mal habillés qui voyagent seuls à travers le monde. - De mon temps, toute la famille partait en vacances ensemble chez ma grand-mère maternelle dans l'Yonne. La, à la campagne, dans sa grande maison, il y avait assez de place pour tous ses enfants et petits-enfants. Je me souviens encore bien de ces repas interminables que
10 nous prenions, réunis autour de la grande table: on riait, on chantait … Ah! vraiment, c'était le bon temps!

– Jacqueline, 20 ans, étudiante:
Absolument pas. Qu'est-ce qu'une jeune fille de mon âge pouvait espérer pour son avenir professionnel à cette époque-là? La société ne lui permettait même pas de faire
15 des études supérieures. La plupart du temps, elle se sentait condamnée à passer toute sa vie derrière ses casseroles. Et très souvent, elle ne choisissait même pas elle-même son mari. Et on appelle ça le bon vieux temps. Allons donc! Moi, je préfère vivre à l'heure actuelle.

– Monsieur G., 35 ans:
20 Ça dépend. A part la pollution, les embouteillages et les heures de pointe dans le métro, la vie actuelle est bien agréable. Le confort, une nourriture variée, ou encore des moyens de transport rapides, les gens n'avaient pas tout ça autrefois. Mais à vrai dire, ils n'étaient pas plus malheureux, je crois. Ils avaient surtout beaucoup moins de besoins et vivaient plus simplement.
25 Ils travaillaient plus dur, c'est vrai, mais ils savaient aussi s'arrêter; pour fêter, par exemple. Tenez, quand mes parents se sont mariés, d'après ce qu'ils disent, la fête a duré quatre jours avec cent vingt invités. Ça montre que les vieux n'avaient pas peur de perdre leur temps. Et chose étonnante, malgré cela, le temps ne leur manquait jamais.

Le Français Actif, Band II, Langenscheidt-Verlag München 1977, S. 90 (Wortzahl 340)

Annotations

l. 4	le croulant	– fam., personne âgée faible ou malade
l. 7	l'Yonne	– département au sud-est de Paris
l. 9	interminable	– sans fin
l. 20	la pollution	– par exemple la pollution de l'air, ou la pollution d'une rivière causée par l'industrie chimique (Umweltverschmutzung)
l. 20	l'embouteillage	– arrêt de la circulation causé par un trop grand nombre de voitures
l. 20	les heures de pointe	– période où le nombre des voyageurs qui utilisent un moyen de transport est plus élevé.
l. 24	le besoin	– ici: le désir

Devoirs

Sujets d'étude

1. Indiquez le sujet de ce texte.
2. Quels sont les mots clefs qui représentent les opinions différentes et qu'est-ce qu'ils révèlent?
3. Quel est l'avis de Mme L. quant au bon vieux temps?
4. Qu'est-ce que Jacqueline pense? Est-ce qu'elle aimerait vivre à cette époque-là?
5. Qu'est-ce que Monsieur G. pense au sujet du bon vieux temps?
6. Comparez l'argumentation des trois personnes interviewées.
7. Commentez le jugement des différents personnages sur le bon vieux temps. Quel est votre avis personnel?

Aufgaben zu Grammatik und Wortschatz mit Arbeitsanweisungen

1. **Départ en vacances en voiture. Quelques conseils.**

Mettez à l'impératif les verbes entre parenthèses. Faites attention à l'emploi des pronoms.

Avant de partir, (s'occuper) _____ de votre voiture. (la faire) _____ mettre en bon état. Surtout (ne pas la surcharger) _____ (se reposer) _____ bien avant de partir. (perdre) _____ quatre secondes et (mettre) _____ votre ceinture de sécurité.
Pendant le voyage, (ne pas rouler) _____ trop vite.
(respecter) _____ les limitations de vitesse. (être calme) _____ au volant. Il y a des véhicules lents? (ne pas s'énerver) _____ (ne pas les dépasser) _____ n'importe où. (s'arrêter) _____ de temps en temps. (faire) _____ un peu de gymnastique. (ne pas boire) _____ d'alcool.
(ne pas croire) _____ que les accidents n'arrivent qu'aux autres.
(s'en souvenir) _____ à tout moment. (réfléchir) _____ aux dangers de la route. (conduire) _____ bien, parce que bien conduire, c'est bien se conduire.

2. **L'ABC des vacances**

Ajoutez les pronoms relatifs. Faites attention aux cas dans lesquels il faut employer lequel etc.

Appareil-photo: instrument _____ le touriste fait voir le pays avant de le voir lui-même.
Août: mois pendant _____ Paris ressemble le plus au Sahara.
Bikini: vêtement _____ cache pour faire mieux voir.
Caravane: véhicule dans _____ il y a peu de place et _____ on se sert pour échapper aux petits appartements.
Camping: activité touristique par _____ on s'approche beaucoup de ses voisins.
Ennui: _____ on sent dès l'arrivée à un lieu tranquille.

Météo: sorte de magie à _____ il ne faut pas faire trop de confiance.
Moniteur de ski: Don Juan du vingtième siècle avec _____ on apprend aussi à faire du ski.
Ouvriers: êtres humains _____ existent par millions à Paris et _____ on trouve de rares spécimens à Saint Tropez.
Plage: lieu _____ on passe son temps à faire frire sa peau.
Tente: sorte de maison à l'extérieur de _____ on peut bien suivre _____ se passe à l'intérieur.
Trou: lieu tranquille _____ on rêve à Paris et _____ on veut sortir dès qu'on y est arrivé.
Valises: deux ou plusieurs possibilités de mettre ses affaires parmi _____ il faut choisir et _____ on trouve toujours la meilleure solution dans les bagages des autres.
Week-end: vacances courtes pendant _____ on s'amuse surtour à passer son temps sur les routes.

3. *savoir* ou *pouvoir*? Complétez.

Carlos Sanchez vient d'Espagne. Il ne _____ pas encore parler allemand. Ses amis ne _____ pas l'aider puisqu'ils ne _____ pas l'allemand non plus. A l'hotel de ville, Carlos ne _____ pas demander des renseignements aux gens. On y est peu aimable d'ailleurs. Partout il entend: „Vous ne _____ pas lire? Ah, qu'est-ce qu'ils sont embêtants ces gens qui ne _____ pas parler allemand." Vous ne _____ pas apprendre l'allemand avant de venir chez nous?"
A l'usine ce n'est pas tout à fait pareil: „Carlos, tu _____ venir samedi matin? Tu _____ nettoyer l'atelier à ma place, s.t.p.? Tu _____ conduire une camionnette? Tu _____ faire des heures supplémentaires la semaine prochaine?" Bien sûr, Carlos _____ faire des heures supplémentaires etc. Et sa famille? Sa femme travaille aussi. Alors elle ne _____ s'occuper de sa famille que le soir et le weekend. Les enfants _____ déjà se dèbrouiller en allemand. Ils vont à l'école primaire. Malheureusement, leurs parents ne _____ pas les aider.

4. **L'administration en France**

Complétez ou exprimez d'une autre façon.

La France est certainement un des _____ les plus (dépendants d'un centre) _____ de l'Europe (de l'Ouest) _____. C'est (le pouvoir central) _____ qui (décide de tout ce qui est important) _____.
Et c'est Paris, (le siège du pouvoir central) _____, qui est de loin la ville la plus importante (de la France) _____. La tendance (du fait de dépendre d'un centre) _____ s'est déjà fait sentir sous les Capétiens, les premiers rois de France. Elle a atteint son point culminant (de 1789 à 1793) _____ lorsqu'on a (séparé) _____ en _____. Aujourd'hui on en compte 96: A la tête (de ces unités administratives) _____ il y a des _____. Ce sont (des personnes qui agissent au nom du pouvoir central) _____. Ils (commandent) _____ et (vérifient) _____ l'action des _____. Ceux-ci sont à la tête des _____. La plus petite unité administrative c'est _____. Elle a à sa tête _____. Pour (ne plus rendre la France dépendante d'un seul centre) _____ on a décidé, en 1972, de créer une nouvelle unité administrative. Depuis les 96 _____ sont groupés en 22 _____. Cette politique de créer plusieurs centres pour contre-balancer l'influence (du pouvoir central) _____ et (de Paris) _____ est aussi appelée la _____ ou la _____.

Lösungsvorschlag

1. Dans ce texte il s'agit des avantages et des désavantages de la vie d'autrefois.
2. D'après Mme L. „les membres d'une famille aimaient rester ensemble toute leur vie". Cela veut dire qu'on attachait beaucoup d'importance à la famille.

   Selon Jacqueline, autrefois, une femme était „condamnée à passer toute sa vie derrière ses casseroles", elle n'avait donc pas d'autre choix que de mener une vie de mère de famille.

   M. G. est d'avis qu'aujourd'hui, il y a „le confort", les vieux par contre „n'avaient pas peur de perdre leur temps." Cela veut dire qu'actuellement, il y les machines qui rendent la vie plus agréable, alors qu'autrefois, les gens étaient moins pressés.
3. Mme L. préfère le bon vieux temps à la vie moderne et regrette la vie familiale d'autrefois qui n'autorisait pas qu'on vive seul, ni vieux ni jeunes, et où l'on passait beaucoup de temps ensemble, joyeusement.
4. Jacqueline n'aimerait pas vivre à cette époque-là, où, selon elle, les femmes n'avaient pas de liberté, ni dans le domaine professionnel, ni dans la vie privée.
5. M. G. dit qu'au bon vieux temps, les conditions de vie étaient plus dures, mais que cela n'empêchait pas les gens, tenant moins aux choses matérielles, de mener une vie tranquille et gaie.
6. Mme L. a la nostalgie du bon vieux temps. Elle ne voit que les avantages du temps passé, au contraire de Jacqueline, qui ne donne que des arguments négatifs sur la vie d'autrefois. Selon M. G., pourtant, les temps modernes et les temps passés présentent des avantages et des inconvénients.
7. Je trouve que Mme L. n'a pas forcément raison lorsqu'elle dit que la vie d'autrefois était meilleure du point de vue de la vie familiale.

   Elle donne de beaux exemples en parlant de son enfance passée chez sa grand-mère, à la campagne, où tous les enfants et les petits-enfants se réunissaient, chantaient et riaient. Cela est sans nul doute un aspect positif.

   Mais je ne crois pas que les gens vivent toujours dans une telle harmonie, à l'époque. Si l'on ne s'entendait pas bien avec ses parents, on n'avait pas le choix, il fallait rester chez eux, jusqu'à ce qu'on se marie. Le même problème se posait pour les couples mariés, surtout pour les femmes, qui, dépourvues de formation professionnelle, étaient obligées de rester avec leur mari toute la vie, même s'ils étaient insupportables.

   D'autre part, il ne fallait certainement pas avoir tant de peur de vieillir qu'aujourd'hui, puisqu'on vivait au sein de la famille jusqu'à la mort.

   Je ne suis pas d'accord avec Jacqueline non plus car elle ne parle que des aspects négatifs d'autrefois.

   A mon avis, la vie professionnelle n'est pas forcément plus agréable pour une femme que la vie de mère de famille, surtout quand elle a des enfants. Il est exact qu'une formation professionnelle donne plus d'indépendance, mais il y a des femmes qui préfèrent rester à la maison et s'occuper de leurs enfants. A mon avis, la question de savoir si passer sa vie „derrière les casseroles" est moins agréable ou plus agréable que d'exercer un métier, dépend de la personne concernée.

Lösungsvorschlag zu Grammatik und Wortschatz

1. Avant de partir, <u>occupez-vous</u> de votre voiture. <u>Faites-la</u> mettre en bon état. Surtout <u>ne la surchargez pas</u>. <u>Reposez-vous</u> bien avant de partir. <u>Perdez</u> quatre secondes et <u>mettez</u> votre ceinture de sécurité.
   Pendant le voyage, <u>ne roulez pas</u> trop vite. <u>Respectez</u> les limitations de vitesse. <u>Soyez</u> calme au volant. Il y a des véhicules lents? <u>Ne vous énervez pas</u>. <u>Ne les dépassez pas</u> n'importe où. <u>Arêtez-vous</u> de temps en temps. <u>Faites</u> un peu de gymnastique. <u>Ne buvez pas</u> d'alcool. <u>Ne croyez pas</u> que les accidents n'arrivent qu'aux autres. <u>Souvenez-vous-en</u> à tout moment. <u>Réfléchissez</u> aux dangers de la route. <u>Conduisez</u> bien, parce que bien conduire, c'est bien se conduire.

2. Appareil-photo: instrument <u>par lequel</u> le touriste fait voir le pays avant de le voir lui-même.
   Août: mois pendant <u>lequel</u> Paris ressemble le plus au Sahara.
   Bikini: vêtement <u>qui</u> cache pour faire mieux voir.
   Caravane: véhicule dans <u>lequel</u> il y a peu de place et <u>dont</u> on se sert pour échapper aux petits appartements.
   Camping: activité touristique par <u>laquelle</u> on s'approche beaucoup de ses voisins.
   Ennui: <u>Ce qu'</u> on sent dès l'arrivée à un lieu tranquille.
   Météo: sorte de magie à <u>laquelle</u> il ne faut pas faire trop de confiance.
   Moniteur de ski: Don Juan du vingtième siècle avec <u>qui</u> on apprend aussi à faire du ski.
   Ouvriers: êtres humains <u>qui</u> existent par millions à Paris et <u>dont</u> on trouve de rares spécimens à Saint Tropez.
   Plage: lieu <u>où</u> on passe son temps à faire frire sa peau.
   Tente: sorte de maison à l'extérieur de <u>laquelle</u> on peut suivre <u>ce qui</u> se passe à l'intérieur.
   Trou: lieu tranquille <u>dont</u> on rêve à Paris et <u>d'où</u> on veut sortir dès qu'on y est arrivé.
   Valises: deux ou plusieurs possibilités de mettre ses affaires parmi <u>lesquelles</u> il faut choisir et <u>dont</u> on trouve toujours la meilleure solution dans les bagages des autres.
   Week-end: vacances courtes pendant <u>lesquelles</u> on s'amuse surtout à passer son temps sur les routes.

3. Carlos Sanchez vient d'Espagne. Il ne <u>sait</u> pas encore parler allemand. Ses amis ne <u>peuvent</u> pas l'aider puisqu'ils ne <u>savent</u> pas l'allemand non plus. A l'hôtel de ville, Carlos ne <u>peut</u> pas demander des renseignements aux gens. On y est peu aimable d'ailleurs. Partout il entend: „Vous ne <u>savez</u> pas lire? Ah, qu'est-ce qu'ils sont embêtants ces gens qui ne <u>savent</u> pas parler allemand. Vous ne <u>pouvez</u> pas apprendre l'allemand avant de venir chez nous?"

   A l'usine ce n'est pas tout à fait pareil: „Carlos, tu <u>peux</u> nettoyer l'atelier à ma place, s.t.p.? Tu <u>sais</u> conduire une camionnette? Tu <u>peux</u> faire des heures supplémentaires la semaine prochaine?" bien sûr, Carlos <u>peut</u> faire des heures supplémentaires etc. Et sa famille? Sa femme travaille aussi. Alors elle ne <u>peut</u> s'occuper de sa famille que le soir et le week-end. Les enfants <u>savent</u> déjà se débrouiller en allemand. Ils vont à l'école primaire. Malheureusement, leurs parents ne <u>peuvent</u> pas les aider.

4. La France est certainement un des pays les plus <u>centralisés</u> de l'Europe <u>occidentale</u>. C'est le <u>gouvernement</u> qui <u>prend toutes les décisions importantes</u>. Et, c'est Paris, <u>la capitale,</u> qui est de loin la ville la plus importante <u>du pays</u>. La tendance <u>centralisatrice</u> s'est déjà fait sentir sous les Capétiens, les premiers rois de France. Elle a atteint son

point culminant pendant la Révolution lorsqu'on a subdivisé les provinces en départements. Aujourd'hui on en compte 96. A la tête des départements il y a des préfets. Ce sont des représentants de l'Etat. Ils supervisent et contrôlent l'action des sous-préfets. Ceux-ci sont à la tête des arrondissements. La plus petite unité administrative c'est la commune. Elle a à sa tête un maire. Pour décentraliser la France on a décidé en 1972, de créer une nouvelle unité administrative. Depuis les 96 départements sont groupés en 22 circonscriptions d'action régionale. Cette politique de créer plusieurs centres pour contre-balancer l'influence du gouvernement et de la capitale est aussi appelée la décentralisation ou la déconcentration.

Aufgabe 10

Texte

Inventeurs: La France a du génie!

„L'inventeur, ça n'existe pas. Tout le monde peut avoir une bonne idée. La vraie difficulté, c'est de la porter à bout de bras, pendant des années, de se battre nuit et jour pour assurer son succès." Pour Roland Moreno, le plus célèbre inventeur français, „le génie, c'est 1 % d'inspiration et 99 % de transpiration". Lorsqu'il a imaginé la carte à puce (1), il pensait que son dispositif supplanterait totalement l'argent liquide, mais aujourd'hui il s'estime heureux qu'elle ait remplacé les jetons de téléphone.

Gérard Blitz a, lui, sué sang et eau pour qu'un million et demi d'estivants puissent se faire bronzer sous le soleil de quarante pays. Dans les années 50, son nouveau concept de vacances - supprimer les contraintes de la vie quotidienne - tenait plus du rêve éveillé que de la réalité. Avec la complicité de Gilbert Trigano, ce rêve est devenu une entreprise au chiffre d'affaires exceptionnel pour une société de service (6 milliards de francs en 1987). Dans leur best-seller, „Douze idées de génie auxquelles personne ne croyait", les Américains Nayak et Ketteringham classent le Club Méditerranée parmi les innovations qui ont changé notre vie, au même titre que le Walkman ou le Compact Disc.

Oui, la France a du génie! Oui mais ... Mais nos meilleures idées restent trop souvent dans les cartons. Mais nos cerveaux les plus brillants n'hésitent pas à s'expatrier. Souvenez-vous de Martine Kempf, l'inventrice du Katalavox, un ordinateur à reconnaissance vocale miniaturisé et très performant (2). Le 21 octobre 1985, elle lance en direct devant les caméras de TF1: „Je quitte la France dans cinq heures car le gouvernement n'a pas tenu ses promesses." Tollé (3) général. La Californie accueille la jeune Alsacienne à bras ouverts. Là, elle n'aura guère de difficultés à trouver le million de francs nécessaire au lancement de son produit.

Une étude réalisée par deux chercheurs britanniques, Keith Pavitt et Pari Patel, montre que l'innovation française se concentre sur les secteurs dont les marchés sont garantis par l'Etat. C'est le cas de nos plus beaux fleurons (4), comme le nucléaire, Ariane (5), la carte à puce ou le Minitel (6). D'une façon générale, la mentalité française est traditionnellement tournée vers la „haute couture": on aime le grandiose, le spectaculaire, l'unique au monde. D'où Concorde, Airbus, le TGV. D'où aussi nos positions enviables sur le marché des engins militaires sophistiqués (7), l'électronique professionnelle, les satellites.

En revanche, et à l'exception de certains secteurs comme la chimie, nous sommes généralement faibles dans les domaines qui échappent à cette logique étatique, qu'il s'agisse de produits de grande consommation ou de haute technologie. Comment expliquer cette faiblesse? A la différence des Américains et des Japonais, les Français ont beaucoup de mal à maîtriser la chaîne qui conduit de l'idée à sa commercialisation. Du moins, dès que le produit présente un risque, ce qui est forcément le cas des vraies innovations. Les Japonais, eux, savent parfaitement s'adapter aux marchés. Et leurs entreprises s'appuient sur des options gouvernementales, ce qui n'est pas le cas en France.

Thierry Gandillot, Fabien Gruhier, Michel de Pracontal, LE NOUVEL OBSERVATEUR, 30 mai 1991

Explications

(1) carte à puce: toute carte sur laquelle est gravé un microprocesseur
(2) performant: capable de résultats remarquables
(3) tollé: cri, mouvement de protestation collectif
(4) fleuron: ici: ce qu'il y a de plus remarquable dans un domaine
(5) Ariane: fusée européenne
(6) Minitel: système de télécommunication française, comparable à notre BTX
(7) sophistiqué: qui est d'une grande complexité technique

Devoirs

Grammaire

1. Complétez et modifiez le texte suivant selon les indications données; écrivez en entier le texte modifié <u>en changeant l'ordre des mots</u> là où ce sera nécessaire et <u>en respectant l'accord</u>. Il faut

/1/ mettre le pronom démonstratif qui convient;
/2/ mettre l'adjectif possessif qui convient;
/3/ mettre le pronom relatif qui convient;
/4/ mettre le mot entre parenthèses à la forme voulue par le contexte;
/5/ mettre le mot qui convient;
/6/ mettre le verbe à un temps du passé de la voix passive;
/7/ remplacer la proposition relative par une autre construction;
/8/ remplacer les mots soulignés par un pronom personnel ou adverbial;
/9/ mettre le verbe à un temps passé.

C'est un projet fou, fou, fou. Un de … /1/ qui auraient … /2/ place dans les ouvrages de Jules Verne. Un château en Espagne - ou plutôt en espace - … /3/ un jour peut-être (prendre) /4/ corps: les centrales électriques du cosmos. Une totale utopie? Pas du tout. L'idée est née … /5/ 1968. Une idée (immédiate) /4/ (prendre) /4/ au sérieux outre-Atlantique. Une série d'études lancer /6/. Et un projet de 60 centrales satellites, qui fournissent /7/ chacune cinq gigawatt, envisagé. Mais les beaux dessins sont rangés dans les cartons. Pour ressortir <u>de ces cartons</u> /8/ aujourd'hui.
L'histoire ne manque pas … /5/ exemples de ces projets fous qui (devenir) /9/ réalité. L'homme est fasciné … /5/ les ouvrages immenses - véritables défis … /3/ il se lance à … -même /5/. Le Grand Canal de Chine, … /3/ la construction dure depuis deux mille ans, s'étend sur plus … /5/ 2 000 kilomètres. Un exemple récent: le tunnel sous la Manche, pour … /3/ il a fallu 27 projets et deux siècles de discussion!

Questions sur le texte

Compréhension du texte

2. Est-ce qu'il a été facile pour G. Blitz de réaliser son idée?
3. Pourquoi, d'après le texte, les „cerveaux les plus brillants" (l. 17) quittent-ils la France?
4. Pourquoi l'Etat français soutient-il un projet comme celui du TGV?
5. Pourquoi les Américains et les Japonais réussissent-ils mieux dans certains domaines?

Commentaire de texte

6. Qu'est-ce qui est surprenant dans l'affirmation de R. Moreno: „Le génie, c'est 1% d'inspiration et 99% de transpiration" (l. 3/4)?
7. Pourquoi les auteurs mettent-ils l'expression „haute couture" (l. 28) entre guillemets?
8. Qu'est-ce qui montre que les auteurs se sont bien informés sur leur sujet? Donnez des exemples.

Commentaire personnel

9. Exposez vos idées sur <u>deux</u> des questions suivantes. Ecrivez quatre à cinq phrases par sujet.
   a) Trouvez-vous aussi que le walkman ait changé notre vie?
   b) „Les femmes ont peur de la technique." Partagez-vous cette opinion?
   c) La télévision par câble - un progrès?
   d) En quoi l'ordinateur a-t-il changé le monde du travail?
   e) Que pensez-vous du concept des clubs de vacances?

Version

10. Traduisez le texte suivant.

Cité des sciences: La Villette (1)

La Villette a pour ambition d'aider les hommes de ce temps, et particulièrement les plus jeunes, à mieux comprendre le monde dans lequel ils vivent. Elle vise à les convaincre qu'il est souhaitable et possible de ne pas abandonner aux seuls „spécialistes" le pouvoir de décider du sort des générations à venir. Nos concitoyens ont encore trop souvent le sentiment qu'ils peuvent être cultivés et, en même temps, ne rien connaitre à la science. Beaucoup d'entre eux, même, n'hésitent pas à proclamer cette ignorance. Ce sont pourtant les mêmes qui dissertent sur la couche d'ozone, le réchauffement de l'atmosphère, l'énergie nucléaire et ses déchets, les manipulations génétiques, pour ne prendre que quelques exemples dans lesquels il est évident qu'un jugement objectif ne peut s'établir que sur un minimum de connaissances scientifiques et techniques.

Il appartient donc à La Villette de contribuer à l'effort national d'information et d'éducation particulièrement dans le domaine scientifique.

Roger Lesgards, LE FRANÇAIS DANS LE MONDE, mai-juin 1991

(1) Ne pas traduire ce titre.
   La Villette: centre d'exposition et de documentation scientifique à Paris

Lösungsvorschlag

1. C'est un projet fou, fou, fou. Un de <u>ceux</u> qui auraient <u>leur</u> place dans les ouvrages de Jules Verne. Un château en Espagne - ou plutôt en espace – <u>qui</u> un jour peut-être <u>prendra</u> corps: les centrales électriques du cosmos. Une totale utopie? Pas du tout. L'idée est née <u>en</u> 1968. Une idée <u>immédiatement prise</u> au sérieux outre-Atlantique. Une série d'études a <u>été lancée</u>. Et un projet de 60 centrales satellites, <u>fournissant</u> chacune cinq gigawatts, envisagé. Mais les beaux dessins sont rangés dans les cartons. Pour <u>en</u> ressortir aujourd'hui. L'histoire ne manque pas <u>d</u>'exemples de ces projets fous qui <u>sont devenus</u> réalité. L'homme est fasciné <u>par</u> les ouvrages immenses - véritables défis <u>qu</u>'il se lance à <u>lui</u>-même. Le Grand Canal de Chine, <u>dont</u> la construction dure depuis deux mille ans, s'étend sur plus <u>de</u> 2 000 kilomètres. Un exemple récent: le tunnel sous la Manche, pour <u>lequel</u> il a fallu 27 projets et deux siècles de discussion!

2. Il a été très difficile pour M. Blitz de réaliser son idée qu'il a eue dans les années 50 déjà. Il a „sué sang et eau" (l. 7), ce qui veut dire qu'il a du faire un grand effort pour atteindre son but. De plus, la réalisation ne s'est pas faite du jour au lendemain, mais elle a pris beaucoup de temps.

3. Les personnes les plus intelligentes, ayant besoin de beaucoup d'argent pour la réalisation de leurs idées s'installent à l'étranger parce qu'ils y trouvent des conditions plus favorables. En Amérique par exemple on leur donne beaucoup plus facilement un crédit qu'en France, où l'on ne soutient que quelques grands projets dont la rentabilité est assuré par l'Etat.

4. Les Français avaient toujours l'ambition de créer quelque chose d'extraordinaire qu'aucun autre pays ne possedait, comme le TGV, l'Airbus ou la Concorde. C'est une question de mentalité qui résulte de l'ancienne position de la France comme puissance mondiale. Par de telles innovations on veut faire renaître cette idée de suprématie.

5. Les Américains et les Japonais réussissent mieux dans certains domaines parce que chez eux, la politique s'oriente vers les demandes du marché. Elle encourag des innovations qui correspondent à ces demandes. Inversement, l'économie est soutenue par l'Etat. Il y a donc une coopération entre la politique et les entreprises, ce qui est moins le cas en France.

6. L'affirmation de R. Moreno est surprenante, d'une part parce qu'il y a peu de personnes qui ont non seulement l'intelligence et la créativité mais aussi l'initiative que demande une invention. On croirait que l'invention même prend déjà l'effort le plus grand.

    D'autre part, il est étonnant que des innovations ne soient pas soutenues davantage parce que le développement économique en dépend complètement. Sans l'effort des inventeurs il n'y aurait aujourd'hui ni voiture ni avion ni ordinateur, par exemple, des choses qui ont déclenché une vraie révolution économique.

7. La „haute couture", c'est le secteur le plus luxueux de la couture. Avec des couturiers comme Yves Saint Laurent ou Laroche, la France y tient la première place. Mais, bien sûr, ce n'est pas la couture dont les auteurs parlent. Ils emploient cette expression au sens figuré pour désigner tout ce qui est extraordinaire et d'une qualité supérieure. C'est pourquoi ils la mettent entre guillemets.

Avec les mots „La mentalité française est traditionnellement tournée vers la „haute couture" (l. 28) les auteurs disent que, traditionnellement, les Français ne se contentent pas de ce qui est d'un niveau médiocre, mais que leur ambition s'oriente vers l'extraordinaire.

8. Pour illustrer le sujet dont les auteurs parlent, à savoir qu'il est très difficile, en France, de lancer une innovation, ils donnent beaucoup d'exemples qui démontrent qu'ils se sont trés bien informés. Ils citent des inventeurs dont la plupart des gens ne savent pas les noms quoiqu'ils connaissent, dans la plupart des cas leurs produits comme Roland Moreno („le génie c'est 1% d'inspiration et 99% de transpiration": l. 3/4), et Martine Kempf („Je quitte la France dans cinq heures car le gouvernement n'a pas tenu ses promesses": l. 20/21).

A part cela ils parlent d'autres personnes mal connues qui ont réalisé une idée, comme Gérard Blitz, ou qui se sont occupés de ce sujet, comme les chercheurs britanniques Keith Pavitt et Pari Patel et les auteurs américains Nayak et Ketteringham. Ils ne se contentent pas de donner des informations générales, mais ils vont dans les détails, ce qui ne leur serait pas possible s'ils ne s'étaient pas très bien informés: Ils parlent du chiffre d'affaires qu'ont atteint Gérard Blitz et son collègue dans une certaine année (l. 11/12) et de la date exacte du départ de Martine Kempf (l. 19).

De plus, ils se sont informés sur les causes de ce phénomène. Ils connaissent bien la situation politique et économique concernant ce problème, non seulement de la France, mais aussi du Japon et de l'Amérique (l. 34-40).

9. a) Il y a une dixaine d'années, on a inventé le walkman, un petit magnétoscope avec des écouteurs qu'on peut utiliser en se baladant. Il nous permet donc d'écouter de la musique toute la journée, sans trop déranger les autres personnes, même hors de la maison, dans le métro, dans la rue et en faisant du sport, par exemple.

Cela intéresse surtout les jeunes, qui aiment bien écouter de la musique et qui, maintenant, ne sont plus du tout obligés d'y renoncer. Le walkman les empêche de s'ennuyer quand ils attendent le bus ou quand ils vont au travail ou à l'école.

Bien sûr, ce n'est pas seulement la musique qu'on peut entendre avec le walkman, mais on peut aussi écouter des leçons de langue, par exemple. Comme cela, le temps qu'on passe dans un moyen de transport ou dans la rue n'est pas perdu.

Ceux qui font du sport, en écoutant de la musique, grace au walkman, se fatiguent moins vite, parce que la musique les encourage.
Mais, la possibilité d'écouter de la musique sans arrêt apporte aussi des problèmes: Il y a des gens, surtout des jeunes qui, se retirent ainsi complètement de tout ce qui les entoure. Comme ils n'entendent plus rien d'autre que leur musique et qu'ils ne parlent plus à personne, ils sont isolés et ils n'ont plus une minute de calme. La musique, c'est la drogue pour eux. Il y a même des élèves qui ont du mal à renoncer à leurs walkmen pendant les cours.

Mais est-ce que cela veut dire que le walkman ait changé notre vie? Je crois que non. Il a amélioré en quelque sorte la vie de ceux qui en profitent d'une manière positive, mais je ne dirais pas qu'il l'ait changée. Je ne pense pas non plus qu'il ait changé la vie de ceux qui l'utilisent pour écouter de la musique toute la journée, pour qui la musique est une drogue, car, à mon avis, ce n'est pas le walkman qui leur cause des problèmes, mais leur incapacité de communiques.

9. b) L'opinion courante est que les femmes et la technique, cela ne va pas ensemble. Est-ce que c'est un préjugé?

Il y a en effet beaucoup de femmes qui ne veulent rien avoir à faire avec tout ce qui est du domaine technique. Dans les familles ce sont traditionnellement les hommes qui réparent le robinet et les bicyclettes et qui installent des instruments électroniques, bref, qui font tous les travaux qui demandent un certain intérêt technique. Dans les écoles techniques la majorité des élèves sont des garçons de même qu'il y a très peu de femmes ingénieurs ou méchaniciennes.

Comment expliquer ce phénomène? Est-ce le résultat d'une pure tradition ou y en a-t-il des raisons biologiques?

Aujourd'hui, les rôles ne sont plus répartis aussi nettement entre les hommes et les femmes qu'autrefois. Il y a de plus en plus de femmes qui font des études techniques et qui se débrouillent dans ce domaine, dans la vie quotidienne sans l'aide d'un homme.

La raison en est qu'elles ne sont plus considérées exclusivement comme mère de famille et une maîtresse de maison, parce qu'aujourd'hui il y a de plus en plus de femmes qui vivent seules et qui travaillent. Plus elles sont indépendantes, moins elles ont peur de la technique. Cela démontre que ce n'est qu'une tradition si elles ne s'en occupent pas.

D'autre part, quand on observe les enfants tout petits, on constate que c'est toujours les garçons qui s'intéressent beaucoup à tout ce qui est technique, surtout aux voitures, même si on leur donne d'autres jouets. Il y a des filles qui aiment aussi jouer avec des voitures, mais moins que les garçons.

C'est pour cela que je n'exclus pas tout à fait que ce phénomène ait peut-être aussi des raisons biologiques, mais c'est très difficile à dire.

9. c) Depuis quelques années il y a la télévision par câble qui nous permet de choisir entre une vingtaine de programmes, tandis qu'avant on ne pouvait en voir que cinq ou six.

Cela semble comporter un grand avantage, surtout parce qu'on peut voir des programmes étrangers aussi, ce qui n'est pas seulement pratique pour nos concitoyens étrangers, mais aussi pour ceux qui apprennent une langue étrangère. Cela leur permet de perfectionner cette langue d'une manière assez agréable. C'est une chaîne exprès pour des émissions culturelles d'un haut niveau. La télévision par câble est donc un progrès pour ceux qui en profitent pour améliorer leur formation culturelle.

Mais, à part ces deux ou trois chaînes intéressantes, dont je viens de parler, toutes les autres ne montrent que des émissions d'un niveau très bas, surtout des films américains bon-marché. Le choix n'est donc pas aussi grand qu'il paraît.
De plus, grâce à la télévision par câble on peut regarder la télé tôt le matin jusqu'en pleine nuit, chose tentante et dangereuse surtout pour les jeunes.

Tout de même, en considérant ses avantages, je crois que la télévision par câble est un progrès. On a au moins la possibilité d'en profiter d'une manière positive.

9. d) Aujourd'hui, il n'existe plus de bureaux ni de banques où on ne travaille pas à l'aide d'ordinateurs. Mais, les médecins, les professeurs, les traducteurs, les étudiants etc. aussi se servent de plus en plus d'un ordinateur pour leurs travaux. Cet instrument électronique a donc fait son entrée dans le monde du travail, non seulement dans les pays industrialisés, mais dans le monde entier. Un tel développement était inimaginable, il y a vingt ans. Ce succès révèle que les ordinateurs comportent un grand

avantage. Ils nous permettent en effet de travailler beaucoup plus vite, c'est à dire d'une manière plus rentable. En outre, une disquette prend beaucoup moins de place qu'un fichier. Ce sont des avantages pour les patrons qui, ayant besoin de moins de personnel peuvent rationaliser et économiser.
Mais, l'avantage des patrons est souvent le désavantage des employés: beaucoup d'entre eux ont perdu leurs postes à cause de ce développement.

Quand on cherche un travail aujourd'hui, des connaissances informatiques sont absolument nécessaires dans beaucoup de métiers. Pour les jeunes, qui grandissent déjà dans le monde de l'électronique, cela n'est pas un problème, mais les personnes plus âgées, surtout les femmes, ont quelquefois du mal à s'y adapter.

L'ordinateur a donc changé énormément le monde du travail, ce qui apporte des avantages et des inconvénients.

9. e) Avec le Club Méditerrané les clubs de vacances ont fait leur entrée dans le monde du tourisme.
Ils donnent la possibilité de passer des vacances sans qu'on doive s'occuper de l'hotel ou des repas etc. Ils offrent beaucoup d'activités sportives et culturelles comme le tennis, l'équitation, des concerts etc.
De plus, on rencontre beaucoup d'autres vacanciers, on n'est pas isolé ce qui est un avantage surtout pour les personnes célibataires sans ou avec des enfants, dont on s'occupe aussi, de sorte que les parents peuvent vraiment relaxer.

Mais d'autre part, les clubs de vacances sont souvent une sorte de ghettos. On est en compagnie des compatriotes et on mange les plats du propre pays, de sorte qu'on ne se rend presque pas compte qu'on est à l'étranger. On n'a pas la possibilité de vraiment connaître les gens du pays et leur culture.

Je crois que la décision de passer ses vacances dans un tel club dépend de la situation personnelle. Je peux bien me figurer qu'un jour je le ferai aussi, si je ne veux que me distraire et me détendre au soleil, ou, si je pars en vacances tout(e) seul(e).

10. La Villette hat das ehrgeizige Ziel, den Menschen von heute und besonders den jüngeren zu einem besseren Verständnis der Welt zu verhelfen, in der sie leben. Ihr Ziel ist es, sie davon zu überzeugen, daß es erstrebenswert und möglich ist, die Entscheidungsgewalt über das Schicksal der kommenden Generationen nicht nur „Spezialisten" zu überlassen. Unsere Mitbürger haben noch allzuoft das Gefühl, daß es möglich ist, gebildet zu sein, aber dennoch nichts von Naturwissenschaften zu verstehen. Viele von ihnen zögern nicht einmal, diese Unwissenheit offen zu bekennen. Dieselben Leute jedoch sprechen über die Ozonschicht, den Treibhauseffekt, die Kernenergie und ihre Abfälle sowie uber Genmanipulation, um nur einige Beispiele zu nennen, an denen deutlich wird, daß ein objektives Urteil auch mit nur sehr geringen wissenschaftlichen und technischen Kenntnissen möglich ist. La Villette hat also guten Grund, der Nation bei ihrer Bemühung um Information und Erziehung, besonders auf dem Gebiet der Naturwissenschaften beizustehen.

Aufgabe 11

Texte

Une histoire d'amour sous l'Occupation

Un jour, un soldat allemand vint à la pharmacie se faire panser sa main brûlée. Nous étions seuls tous deux dans la pharmacie. Je lui pansais sa main comme on m'avait appris, dans la haine. L'ennemi remercia.
Il revint. Mon père était là et me demanda de m'en occuper.
5 Je pansais sa main une nouvelle fois en présence de mon père. Je ne levais pas les yeux sur lui, comme on m'avait appris.
Cependant, le soir de ce jour, une lassitude particulière me vint de la guerre. Je le dis à mon père. Il ne me répondit pas.
Je jouai du piano. Puis nous avons éteint. Il m'a demandé de fermer les volets.
10 Sur la place, un jeune Allemand à la main pansée était adossé à un arbre. Je le reconnus dans le noir à cause de la tache blanche que faisait sa main dans l'ombre. Ce fut mon père qui referma la fenêtre. Je sus qu'un homme m'avait écouté jouer du piano pour la première fois de ma vie. (…)
Le lendemain de ce jour était un dimanche. Il pleuvait. J'allais à la ferme de Ezy. Je
15 m'arrêtai, comme d'habitude, sous un peuplier, le long de la rivière. L'ennemi arriva peu après moi sous ce même peuplier. Il était également à bicyclette. Sa main était guérie.
Il ne partait pas. La pluie tombait, drue. Puis le soleil arriva, dans la pluie. Il cessa de me regarder, il sourit, et il m'a demandé de remarquer comment parfois le soleil et la
20 pluie pouvaient être ensemble, l'été.
Je n'ai rien dit. Quand même j'ai regardé la pluie.
Il m'a dit alors qu'il m'avait suivie jusque-là. Qu'il ne partirait pas. Je suis repartie. Il m'a suivie.
Un mois durant, il m'a suivie. Je ne me suis plus arrêtée le long de la rivière. Jamais.
25 Mais il y était posté là, chaque dimanche. Comment ignorer qu'il était là pour moi. Je n'en dis rien à mon père.
Je me mis à rêver à un ennemi, la nuit, le jour.
Et dans mes rêves l'immoralité et la morale se mélangèrent de façon telle que l'une ne fut bientôt plus discernable de l'autre. J'eus vingt ans.
30 Un soir, faubourg St- …, alors que je tournais une rue, quelqu'un me saisit par les épaules. Je ne l'avais pas vu arriver. C'était la nuit, huit heures et demie du soir, en juillet.
C'était l'ennemi.
On s'est rencontré dans les bois. Dans les granges. Dans les ruines. Et puis, dans les
35 chambres.
Un jour, une lettre anonyme arrivait à mon père. La débacle commençait. Nous étions en juillet 1944. J'ai nié.
C'est encore sous les peupliers qui bordent la rivière qu'il m'a annoncé son départ. Il partait le lendemain matin pour Paris, en camion. Il était heureux parce que c'était la
40 fin de la guerre. Il me parla de la Bavière où je devais le retrouver. Où nous devions nous marier. (…)

Déjà, à Nevers, la Résistance côtoyait l'ennemi. Il n'y avait plus de police. Ma mère revint.

Il partait le lendemain. Il était entendu qu'il me prendrait dans son camion, sous les bâches de camouflage. Nous nous imaginions que nous pourrions ne plus nous quitter jamais.

On est encore allés à l'hôtel, une fois. Il est parti à l'aube rejoindre son cantonnement, vers Saint-Lazare.

Nous devions nous retrouver à midi, sur le quai de la Loire. Lorsque je suis arrivée, à midi, sur le quai de la Loire, il n'était pas encore tout à fait mort. On avait tiré d'un jardin du quai.

Je suis restée couchée sur son corps tout le jour et toute la nuit suivante. Le lendemain on est venu le ramasser et on l'a mis dans un camion. C'est pendant cette nuit-là que la ville fut libérée. Les cloches de Saint-Lazare emplirent la ville. Je crois bien, oui, avoir entendu.

aus: M. Duras, Hiroshima mon amour, Text in: Sammlung Lensing 3, Text I, 90, Verlag Lensing, Dortmund

Devoirs

Compréhension
1. Résumez brièvement le texte (maximum 200 mots).

Analyse
2. Replacez le texte dans son contexte historique.
3. Retracez l'évolution des sentiments de la jeune fille.
4. Analysez la confusion de ses sentiments.
5. Interprétez les lignes 18-20.
6. Caractérisez les moyens stilistiques employés par l'auteur. Quelles intentions révèlent-ils?
7. Expliquez en quoi consiste dans ce texte l'art du trait final. (l. 45-52)

Commentaire (aux choix)
8. Jugez du comportement de la jeune fille.
9. Donnez un ou plusieurs exemples de dilemme moral.
10. Le sens du devoir doit-il toujours l'emporter sur la recherche du bonheur personnel?

Lösungsvorschlag
1. Le texte „Une histoire d'amour sous l'Occupation", extrait de „Hiroshima mon amour", de Marguerite Duras est l'histoire d'une jeune fille, qui, vers la fin de la Deuxième Guerre Mondiale s'éprend d'un soldat allemand.
Elle le voit pour la première fois quand il vient dans la pharmacie, où elle travaille, pour se faire traiter sa main blessée. Elle se comporte avec lui comme il faut à cette époque-là, d'une manière froide, puisqu'il est l'ennemi. A la suite, les deux se voient souvent, parce que le soldat, amoureux de la fille française, la cherche régulièrement.

D'abord, la fille le fuit, mais après un certain temps, se rendant compte qu'elle est devenue amoureuse de lui, elle aussi, elle ne résiste plus à cet amour. Quand le soldat apprend qu'il peut rentrer dans son pays, ils décident de partir ensemble et de se marier. Peu avant leur départ définitif, la veille de la fin de la guerre, le soldat est tué par un Français. Plongée dans sa tristesse, la fille ne se rend presque pas compte que c'est la fin de la guerre.

2. L'histoire dans ce texte se déroule pendant la Deuxième Guerre Mondiale, sous l'Occupation. C'est la période entre 1940-1945, où les troupes allemandes occupaient d'abord la moitié nord de la France et puis tout le pays. En 1940 on a établi à Vichy un gouvernement transitoire qui a collaboré avec le gouvernement allemand. Beaucoup de Français sont entrés dans la Résistance, une organisation qui visait à combattre ce gouvernement et à chasser l'ennemi du pays.

3. Au début, la jeune fille française se comporte d'une manière refoulante avec le soldat allemand. Son attitude suit simplement les règles de ce temps-là. C'était un soldat allemand et personne n'avait le droit d'être aimable envers l'ennemi. On lui a appris à le haïr, mais ce sentiment est extérieur, il ne ressort pas d'elle-même: „Je lui pansais sa main comme on m'avait appris, dans la haine". (l. 2/3) Marguerite Duras écrit: „Nous étions seuls tous deux dans la pharmacie." (l. 1/2) Par ces mots la jeune Française et l'Allemand sont mentionnés ensemble comme s'ils étaient un couple. De plus, elle lui panse la main, une action, où elle doit forcément le toucher. Ce sont donc des circonstances où un jeune homme et une jeune fille peuvent facilement devenir amoureux.

La deuxième fois que le soldat vient dans la pharmacie, la fille aimerait bien le regarder, mais elle n'ose pas parce que son père est là: „Je pansais sa main une nouvelle fois en présence de mon père. Je ne levais pas les yeux sur lui, comme on m'avait appris." (l. 5/6) Cette fois, Marguerite Duras supprime les mots „dans la haine", contrairement à la première fois. (l. 3) La fille ne pense donc plus à la haine en pansant la main du soldat. Elle se comporte encore une fois comme il faut, mais pas selon ses sentiments.

Le même soir, elle éprouve une „lassitude de la guerre" (l.7), ce qui révèle qu'elle regrette que la guerre ne lui permette pas d'entrer en contact avec qui elle veut, avec cet Allemand, par exemple.

Quand elle veut fermer les volets, elle le voit par la fenêtre, et il est évident qu'il l'intéresse, car, elle préfère le regarder au lieu de fermer les volets. C'est son père finalement qui les ferme à sa place pour l'empêcher de regarder cet homme, lui rappelant que ce qu'elle vient de faire n'est pas convenable.

Avec les mots „Je sus qu'un homme m'avait écouté jouer du piano pour la première fois de ma vie" (l. 12/13), comme si c'était quelque chose d'extraordinaire si quelqu'un écoute le jeu de piano, l'auteur fait comprendre que la fille sait maintenant qu'un homme est amoureux d'elle pour la première fois de sa vie. Elle se rend compte qu'il y a de l'amour entre cet homme et elle, au moins de la part de celui-là.

Au bout d'un mois, pendant lequel le soldat n'a pas arrêté de la suivre, lui montrant son amour, elle ne résiste plus à elle-même. Elle cache son sentiment aux autres, à son père par exemple (l. 25/26), mais plus à elle-même. Le fait qu'elle n'en parle pas à son père démontre aussi, que cela ne la dérange pas que cet homme ne cesse pas de la suivre. Si elle en avait parlé à son père, il lui aurait sans doute interdit de revoir le soldat, ce qu'elle ne voulait pas. Maintenant, elle ne résiste plus à son sentiment, elle commence à penser sans cesse à cet homme (l. 25-27). Elle commence aussi à ne plus attacher d'importance au fait que ses sentiments soient considérés comme immoraux (l. 28/29).

Ensuite elle ne résiste ni à ses propres sentiments ni à ceux du soldat: Elle a des rendez-vous amoureux avec lui, d'abord dans les bois, puis dans les granges et les ruines et enfin dans les chambres. Ces rendez-vous sont donc de plus en plus intimes. Maintenant elle ne veut plus y renoncer. Alors, quand un jour quelqu'un en fait part à son père, elle nie (l. 36/37).

A la fin, quand son amant est mort, elle ne cache plus son amour. Elle est plongée dans une profonde tristesse de sorte qu'elle ne se rend presque pas compte que la guerre est finie; de toute façon, elle n'éprouve aucune joie quant à cet événement désiré depuis longtemps.

L'amour de cette fille est probablement né dès que le soldat est venu dans la pharmacie pour la première fois, mais ce n'est qu'au bout d'un certain temps que la jeune femme l'accepte.

4. On remarque la confusion de ses sentiments à chaque fois qu'elle fait quelque chose qui ne correspond pas à ses vrais sentiments, quand elle suit les règles tout en désirant faire autre chose.
Cela commence déjà à la deuxième visite du soldat dans la pharmacie: elle aimerait bien le regarder, mais elle ne l'ose pas parce que son père est là (l. 5/6).
Ensuite, sous le peuplier, il est évident qu'elle aimerait lui parler, puisqu'elle réagit à ce qu'il dit, tout en gardant le silence: „Je n'ai rien dit. Quand même j'ai regardé la pluie." (l. 22).
Enfin, elle est troublée parce qu'il n'arrête pas de la suivre et de lui montrer son amour: „Comment ignorer qu'il était là pour moi." (l. 25/26). Elle essaie certes de le fuir, mais en réalité elle souhaite de le revoir puisqu'elle n'en parle pas à son père (l. 25/26).
Quand elle ne refoule plus en elle-même son amour, elle se rend quand même compte que ses sentiments sont considérés comme immoraux (l. 28/29).

5. Dans ce passage, les deux protagonistes se trouvent sous un peuplier, au bord d'une rivière. Il pleut, et bientôt il y a du soleil en même temps, chose qui arrive assez rarement puisque le soleil et la pluie ne vont pas ensemble, normalement. Le jeune homme fait remarquer cette curiosité à la fille. Il souligne que cela arrive quand même. Ce qu'il dit vraiment, c'est qu'il arrive que deux personnes qui, normalement, ne doivent pas être ensemble se réunissent quand même, comme les habitants de deux pays ennemis. Il parle donc de la fille et de lui-même.
Ce qui ne va pas ensemble non plus, comme le soleil, beau et agréable, et la pluie, triste et désagréable, c'est la guerre et l'amour: la pluie symbolise à la guerre, le soleil l'amour.
La situation météorologique révèle donc les sentiments des protagonistes et les circonstances dans lesquelles ces sentiments sont nés.

6. Quoique le texte soit une histoire d'amour, l'auteur n'utilise pas une seule fois ce mot, de même qu'elle ne parle jamais expressément des sentiments des deux protagonistes. Elle fait sentir leur amour uniquement par les circonstances et les actions extérieures:
„Nous étions seuls tous deux dans la pharmacie. Je lui pansais sa main (l. 1/2); L'ennemi remercia (l. 3;) Je ne levais pas les yeux sur lui, comme on m'avait appris (l. 5/6); Une lassitude particulière me vint de la guerre (l. 7); Un jeune Allemand était

adossé à un arbre (l. 10); Ce fut mon père qui referma la fenêtre (l. 11/12); je sus qu'un homme m'avait écouté jouer du piano pour la première fois de ma vie (l. 12/13); Il ne partait pas (l. 18); Il cessa de me regarder (l. 18/19); Il m'a demandé de remarquer comment parfois le soleil et la pluie pouvaient être ensemble, l'été (l. 19/20); Quand même j'ai regardé la pluie (l. 21); Il m'a dit alors qu'il m'avait suivie jusque là. Qu'il ne partirait pas (l. 22); un mois durant il m'a suivie (l. 24); Il y était posté là, chaque dimanche (l. 25); Comment ignorer qu'il était là pour moi (l. 25/26); Je n'en dis rien à mon père (l. 25/26); Je me mis à rêver à un ennemi, la nuit, le jour (l. 27); un soir … quelqu'un me saisit par les épaules … c'était l'ennemi (l. 30-33); On s'est rencontré dans les bois. Dans les granges. Dans les ruines. Et puis, dans les chambres (l. 34/35); J'eus vingt ans (l. 29)." Ce sont toutes des actions qui, isolées, chacune pour elle, n'ont rien à voir avec l'amour, à l'exception des lignes 34/35, 25/26 et 27 peut-être, mais, même ici, l'auteur ne parle pas d'amour. Elle laisse au lecteur le deviner.

Ce style fait paraître l'amour dont l'auteur parle sans décrire les sentiments qu'éprouvent les protagonistes contrairement à ce qu'on croirait, plus fort et plus sérieux. Le lecteur trouve l'amour caché entre les lignes comme ce sentiment reste le secret des deux amants, enfermé dans leurs cœurs. Ils n'en parlent à personne et ils ne le montrent pas aux autres.

De même que l'auteur ne parle pas de l'amour expressément, elle ne mentionne pas non plus ni la surprise ni la tristesse qu'éprouve la jeune femme quand son amant est mort. Elle nous fait part de sa mort tout brusquement et sobrement, correspondant à la surprise: „Nous devions nous retrouver à midi, sur le quai de la Loire. Lorsque je suis arrivée, à midi, sur le quai de la Loire, il n'était pas tout à fait mort.

Non seulement l'amour, mais aussi la tristesse de la jeune femme est exprimée en phrases courtes et simples, désignant des actions extérieures: „Je suis restée couchée sur son corps tout le jour et toute la nuit suivante: … Les cloches de Saint Lazare emplirent la ville. Je crois bien, oui, avoir entendu (l. 52-55); L'auteur n'écrit pas que la femme pleure ou qu'elle est désespérée, et pourtant, sa tristesse, muette, est très impressionnante.

Le lecteur sent la tristesse aussi dans le style de tout le texte, dont les phrases sont courtes, sobres et simples avec un rythme parfois lourd. Par exemple: „Je n'ai rien dit. Quand même j'ai regardé la pluie. Il m'a dit alors qu'il m'avait suivie jusque là. Qu'il ne partirait pas. Je suis repartie. Il m'a suivie …" (l. 21-23). Ce style correspond aux mots et aux pensées de la femme qui nous raconte son histoire triste. L'auteur imite le langage parlé en transformant des parties de phrases qui, parfois n'ont même pas de verbes, en proposition principales: „Qu'il ne partirait pas (l. 22)" Dans les granges. Dans les ruines. Et puis, dans les chambres (l. 34/35). C'est donc la structure et l'intonation du langage parlé.

L'auteur se sert toujours du discours indirect. Elle ne donne pas de noms propres à ses protagonistes, comme s'il n'était pas important de qui il s'agit. En effet, elle ne parle pas de certaines personnes, mais de certains sentiments de la manière dont on a déjà parlé. Elle ne donne pas de relief à ses personnages. Ils restent au fond. Les sentiments d'amour et de tristesse sont le sujet du texte.

Avant que les deux amants soient ensemble, le soldat est appelé „l'ennemi" dans le texte. Mais, rien du comportement du soldat n'est typique d'un ennemi. Ce nom contraste avec ses actions. L'auteur s'exprime d'une manière presque ironique.

Ce n'est pas le seul contraste qu'on trouve dans ce texte. Il y en a encore d'autres: les ennemis qui deviennent des amoureux, le bonheur d'amour pendant la guerre, le soleil avec la pluie, la tristesse à la fin de la guerre et n'oublions pas le style sobre qui parle de sentiments très profonds. Par ces contrastes l'auteur nous dit que les sentiments des individus n'ont rien à voir avec la politique de leur pays, qu'ils suivent leurs propres lois.

7. Les deux derniers paragraphes du texte parlent de la mort du soldat et de la tristesse de son amante.

Avant de dire expressément qu'il est mort, l'auteur répète les circonstances de lieu et de temps de la phrase précédente sans que cela soit nécessaire en ce qui concerne l'information du lecteur.: „Nous devions nous retrouver à midi, sur le quai de la Loire. Lorsque je suis arrivée à midi, sur le quai de la Loire, il n'était pas encore tout à fait mort." (l. 49/50). D'abord, l'auteur donne donc des informations qui sont superflues (à midi, sur le quai de la Loire) et ensuite, elle en supprime une: Avant de dire „il n'était pas encore tout à fait mort", il serait logique de dire „on l'avait tué", par exemple. Comme cela le récit de la mort du soldat est plus choquant. En lisant la répétition des parties de la phrase précédente, on se doute qu'il s'ensuivra quelque chose d'important. En effet, le style triste de tout le texte fait que le lecteur s'attend à un évènement funeste.

Dans le dernier paragraphe, où l'auteur parle de la tristesse de l'amante, elle la décrit d'abord par le comportement de celle-ci: „Je suis restée couchée sur son corps tout le jour et toute la nuit suivante (l. 52)." La suite parle de choses qui n'ont rien à voir avec la jeune fille, mais le lecteur est toujours impressionné par l'événement précédent: „Le lendemain on est venu le ramasser et on l'a mis dans le camion. C'est pendant cette nuit-là que la ville fut libérée. Les cloches de Saint-Lazare emplirent la ville." (l. 52-54). La vie continue donc, mais, dans sa phrase finale l'auteur revient encore une fois à la femme dont la tristesse, causée par la guerre, reste le sentiment essentiel du texte: „Je crois bien, oui, avoir entendu." Elle est plongée dans la dépression de sorte qu'elle ne se rend presque pas compte de ce qui se passe autour d'elle.

8. Au début, la jeune fille refoule son amour, ensuite, elle le cache et enfin, quand son amant est mort, elle le montre à tout le monde.

Elle gardé donc son jugement indépendant quoiqu'on lui fasse savoir, pendant la guerre, que les Allemands étaient des gens tout à fait mauvais et qu'il fallait les détester. Elle essaye certes de résister à la tentation de se comporter d'une manière qui ne convient pas à cette époque-là et de ne pas choquer ses parents, mais finalement, c'est son sentiment qui l'emporte sur ses préjugés.

Je trouve qu'elle a très bien fait comme cela. A mon avis, il faut toujours juger d'après sa propre intelligence sans attacher trop d'importance à ce que pensent les autres. Il ne faut pas obéir à des préjugés.

9. Prenons un évènement qui s'est passé récemment dans une ville allemande: une jeune fille turque, de 19 ans, mariée malgré elle à un compatriote qui vit en Turquie, rencontre clandestinement son amant. Son père, qui a dépensé une fortune pour le mariage, se rend compte de la liaison de sa fille et la tue d'un coup de revolver.

Imaginons que cette fille ne voulait ni décevoir ses parents ni vivre avec un homme qu'elle n'aimait pas ni renoncer à celui qu'elle aimait. Elle se trouvait sans doute dans un grand dilemme.
Ses parents ne connaissaient que ces traditions selon lesquelles c'est le père qui choisit les maris de ses filles. Il en a en effet choisi un dont il était convaincu qu'il était bon pour sa fille. Il a emprunté beaucoup d'argent pour les noces, la dot et un appartement pour sa fille et son beau-fils. La fille par contre a grandit en Allemagne. Elle sait qu'ici

on se marie d'après ses sentiments et elle rencontre des garçons sympathiques. Elle n'a le choix qu'entre deux mauvaises solutions: soit rester malheureuse toute la vie avec un mari qu'elle n'aime pas, soit rompre complètement avec sa famille qu'elle aime et qu'elle ne veut pas abandonner.

10. Avant de répondre à cette question, il est utile de faire la différence entre deux sortes de devoirs: D'un côté les règles et les lois politiques du pays dans lequel on vit, et d'un autre côté les lois morales concernant la vie privée.

Bien sûr, il faut en principe suivre les lois du pays. Mais, il y a aussi des circonstances dans lesquelles il ne faut pas obéir d'une manière aveugle. C'est-à-dire, il faut, à mon avis, toujours garder un esprit indépendant qui permet de faire la différence entre de mauvaises et de bonnes lois. Pendant le troisième Reich par exemple il était défendu d'aider les juifs. Mais, je crois que quelqu'un qui avait des connaissances juives aurait dû abandonner le sens du devoir politique pour obéir au devoir moral.

En ce qui concerne les lois morales, je suis d'avis qu'elles doivent toujours l'emporter sur le bonheur personnel. Une mère par exemple, qui a le choix entre un homme qu'elle aime et son enfant, qui a besoin d'elle, et que cet homme n'accepte pas, a sans aucun doute le devoir de garder son enfant et de s'occuper de lui, renonçant à son bonheur personnel.

Aufgabe 12

Texte

On fait un voyage

On fait un voyage,
et puis on rentre.
Et puis un jour,
un jour bien plus tard,
5 on vous demande: comment c'était?
Alors, on réfléchit, on se souvient.
    De quoi?
Eh bien, euh ... ben du voyage!
oui! je me rappelle! C'était en Allemagne.
10   C'est pas très loin, l'Allemagne.
    C'est presque pas un vrai voyage.
Pourtant, faut bien dire qu'on avait peur, un peu.
Eh! pensez! la première fois que l' on confie sa vie à des gens qui ne la comprennent pas, c'est impressionnant! Surtout qu'autour de nous les gens chuchotaient: „Les Alle-
15 mands? ah, mon brave! des gens tout blonds, avec des yeux bleus, deux fois plus grands, plus forts, plus intelligents que nous! comme je vous dis".
Comme „on" n'est pas sourd, „on" partait pleins de complexes; si bien qu'en arrivant, on était presque déçu de leur arriver à l'épaule.
Notez! eux aussi étaient déçus, parce qu'autour d'eux, on chuchotait:
20 „Les Français? ah, mon brave! tout petits, avec des cheveux noirs, pas intelligents, non! mais rusés!"
Ils nous attendaient donc avec crainte,
    comme des démons.
Et quand ils nous ont vus descenre du train, avec notre air un peu niais et nos cheveux
25 „queue de vache", ils ont soupiré de soulagement.
Si fort que cela a fait voler les trains!
(J'exagère peut-être, mais vous savez, les souvenirs grossissent tout.)
Après cette première et mutuelle désillusion, il nous restait, à nous autres Français, l'épreuve du repas, qui, sans vouloir vexer personne, a été fort mal supportée par cer-
30 tains membres du groupe. Avouons que se trouver à table à cinq heures et demi nous a terriblement surpris et a dû bloquer quelques estomacs. Toujours est-il que le lendemain matin, lors de la première mise en commun, certains individus présentaient des mines quelque peu vertes et défaites.
Quand, après ces quelques mois, on fait un bilan, il nous reste de l'Allemagne le sou-
35 venir un peu flou d'un pays vert souvent, et parfois gris. Vert de forêts et grisâtre d'industries.
Les gens que nous y avons côtoyés, plus qu'hospitaliers, étaient chaleureux et ouverts, ils nous ont appris à aimer leur langue. Cette langue qui, si rude, est pourtant celle d'êtres pronfondément artistes et épris de beauté. Car, si au premier abord, les Alle-
40 mands nous semblent un peu brutaux, il ne faut pas oublier qu'ils sont très musiciens, donc capables d'une grande sensibilité, sans laquelle la musique ne peut vraiment vivre.
Peut-être faudrait-il en dire plus? mais à quoi bon?
Hors la langue, l'Allemagne c'est presque la France, avec les mêmes voitures, les mêmes immeubles de plus en plus hauts, les mêmes problèmes, ou presque. Les cou-

45 tumes, là-haut comme ailleurs, tendent à disparaître, car la „sainte" influence américaine arrive de plus en plus à planifier tout l'Ouest.
Réjouissons-nous!
Bientôt les hommes seront tous pareils, penseront tous la même chose;
    et, qui sait? parleront tous la même langue.
50   Ça vaudra même plus la peine de voyager!
D'ailleurs, je le disais bien,
    l'Allemagne c'est pas un vrai voyage;
    c'est tout près.
Mais j'aimerais bien y retourner,
55   comme ça, de temps en temps,
rien que pour m'offrir le plaisir de parler avec d'autres mots et de confier ma vie à des gens qui ne la comprennent pas.

Text in: Sammlung Lensing 3, Nouveaux textes français, Text I, 70 A, Verlag Lensing, Dortmund

Aufgabenapparat mit Varianten (V)
Compréhension
1. Dégagez les parties principales du texte et résumez le passage central.
(V) Dégagez les différentes parties du texte/Faites un résumé.

Analyse
2. Analysez de quelle manière le voyage de Sophie influence l'image qu'elle se fait de l'Allemagne et des Allemands.
3. (Ce texte n'est pas un récit ordinaire.) Par quels moyens stylistiques Sophie obtient-elle le caractère original de son texte?
(V) Par quels moyens stylistiques Sophie obtient-elle … s.o.
4. „Ça vaudra même plus la peine de voyager!" (l. 50)
Expliquez cette phrase dans son contexte (l. 42-50)
(V) „Réjouissons-nous!" (l. 47) Expliquez cette phrase dans son contexte (l. 42-47)

Commentaire
5. Donnez votre opinion personnelle sur le profit que Sophie a su tirer de son voyage, notamment en pensant à l'idée que Sophie répète: voyager, c'est confier sa vie à des gens qui ne la comprennent pas.

Lösungsvorschlag
1. On peut dégager trois parties principales de ce texte:

Dans la première partie (l. 1-23) il s'agit de l'attitude qu'avaient les jeunes des deux pays avant leur rencontre. L'auteur nous parle des préjugés et des clichés qu'ils portaient les uns sur les autres et de leur anxiété.

La partie principale qui suit la première partie, nous fait part de la désillusion quant à ces préjugés et nous informe de ce que l'auteur a trouvé en fait en Allemagne. Elle dit que les clichés des uns et des autres surtout quant à la physionomie, mais aussi en ce qui concerne la mentalité étaient exagérés. D'après ce que l'auteur a constaté, il y a certes des différences entre les coutumes des deux pays, mais elles sont en train de disparaître de plus en plus. En fait, les différences ne sont pas grandes à part la langue. Sophie trouve en fin de compte que les Allemands sont aimables et sensibles.

Dans la dernière partie Sophie envisage l'avenir en considérant le fait que les habitants des différents pays se ressemblent de plus en plus.

(V) Ce texte constitue le récit d'une jeune Française qui a fait un voyage en Allemagne. Elle y est partie en groupe.

Il y a trois parties principales dans ce texte:
D'abord, la description de l'attitude des deux groupes avant leur rencontre: leurs préjugés (l. 1-23)
Ensuite, le jugement réaliste que porte l'auteur sur l'Allemagne; (l. 24-46) Enfin, la perspective quant au rapprochement des habitants des différents pays.

Avant leur rencontre, les Français et les Allemands portaient des préjugés mutuels, des clichés, surtout en ce qui concerne l'apparence des gens et leur caractère. Ils avaient un peu peur les uns des autres.

Quand les deux groupes se sont vus pour la première fois, ils ont constaté, soulagés, que leurs imaginations étaient exagérées.
Ensuite, la narratrice parle des qualités des Allemands telles qu'elle les a trouvées et des différences entre les deux pays d'une manière réaliste: Les Allemands qui les avaient reçus étaient très gentils et pas bornés. Sophie dit qu'ils ont l'air rude, mais qu'ils ne le sont pas en réalité. Elle a constaté que la France et l'Allemagne se ressemblent beaucoup.

Enfin, l'auteur constate que les différences entre les peuples, soumis à la même influence, disparaissent de plus en plus et qu'un jour, la mentalité des gens et leurs langues seront peut-être partout pareilles ce qu'elle regretterait.

2. Ce voyage a eu pour conséquence que Sophie s'est rapprochée des Allemands et qu'elle a abandonné ses préjugés.

Avant son départ elle avait une image fausse des Allemands. Elle pensait qu' ils étaient tous très grands, très forts, blonds, aux yeux bleus et très intelligents. Se considérant comme inférieure, elle avait peur d'eux.
Maintenant qu'elle a effectué ce voyage, elle les trouve hospitaliers, chaleureux, ouverts, sensibles, artistes et elle pense qu'ils aiment tout ce qui est beau. Sophie aime la langue allemande maintenant et, en ce qui concerne le pays, elle trouve qu'il ne diffère pas beaucoup de la France. Son image a donc beaucoup changé.

3. Alors que le début de ce texte ressemble à un poème (l. 1-6), on a à la suite parfois l'impression qu'il s'agit d'une interview. Par exemple:
„Eh bien, euh ... ben du voyage! oui! Je me rappelle! C'était en Allemagne.
C'est presque pas un vrai voyage. Pourtant, faut bien dire qu'on avait peur un peu. Eh! pensez! ...". (l. 8-13).
Ce qui donne le caractère d'une interview à ce texte, c'est le fait que Sophie fait comme si elle réfléchissait et comme si elle parlait avec quelqu'un d'autre: „de quoi? Eh bien ... euh ... ben du voyage! Oui! je me rappelle!" (l. 7-9). L'auteur n'utilise pas le langage écrit, mais on trouve dans ce texte tout ce qui est typique du langage parlé: des exclamations: ben du voyage! (l. 8); oui! Je me rappelle! (l. 9); Eh! pensez! (l. 13); c'est impressionnant! (l. 14); ah, mon brave! (l. 15, 20); plus intelligents que nous! (l. 16) non! mais rusés! (l. 21) cela a fait voler les trains! (l. 26); Réjouissons-nous! (l. 47); ça vaudra même plus la peine de voyager! (l. 53);

des questions: comment c'était? (l. 5); De quoi? (l. 7); faudrait-il en dire plus? Mais à quoi bon? (l. 42) qui sait? (l. 45);
des mots et expressions familiers: Eh bien, euh … ben (l. 8); ah, mon brave! (l. 15, 20); là-haut (l. 45); ça (l. 50, 55);
la suppression du mot „ne" dans la négation et de „il": C'était pas très loin (l. 10); C'est presque pas … (l. 11); Pourtant, faut bien dire … (l. 12);
Tout cela donne un caractère original à ce texte.

4. Sophie regrette maintenant que les différences entre les peuples, dont elle avait peur avant son voyage, disparaissent de plus en plus. Maintenant elle trouve intéressant que les peuples ne soient pas tous pareils. Pour elle, c'est cela qui fait le charme d'un voyage. Quand il n'y a plus de différences entre les peuples, un jour peut-être, cela ne l'intéresse, plus de voyager. A son avis il est inutile de voyager si on ne trouve pas, à l'étranger, une autre langue ni une autre manière de penser.

(V) Sophie dit qu'il ne faut pas avoir peur de trouver à l'étranger des gens qui ont une autre mentalité, mais qu'il faut être content si cela est le cas. Elle pense que cela n'est pas un désavantage, mais elle le trouve intéressant. Elle a peur que les différences entre les peuples disparaissent et elle est contente que le développement ne soit pas encore allé aussi loin que cela.

5. Comme on a déjà constaté, Sophie avait un peu peur avant son voyage de „confier sa vie à des gens qui ne la comprennent pas", c'est à dire, de ne rencontrer que des gens qui ont une autre manière de penser qu'elle-même. A la fin du texte, elle utilise cette formule encore une fois, mais maintenant, elle ne dit pas qu'elle en a peur, mais que cela lui fait plaisir: „pour m'offrir le plaisir de parler avec d'autres mots et de confier ma vie à des gens qui ne la comprennent pas." (l. 56/57).
Son point de vue a donc complètement changé. Elle ne considère plus comme désavantage que les peuples diffèrent, mais maintenant cela fait, d'après elle, le charme d'un voyage. Elle y a pris goût puisqu'elle pense retourner en Allemagne pour y parler une autre langue et pour rencontrer une autre mentalité.

Il y a en effet des gens qui, ayant peur de rencontrer d'autres coutumes et d'autres cultures, ne passent leurs vacances que dans des clubs où l'on parle la même langue et où on mange les mêmes repas, où d'autres qui ne prennent que des vacances organisées. Ils considèrent donc comme désavantage que les langues et les cultures soient différentes.

Il y en a pourtant d'autres qui cherchent le contact avec les gens du pays où ils voyagent, qui apprennent au moins un peu la langue avant de partir pour pouvoir parler avec les gens. Leur culture et leur manière de vivre les intéresse.

Après son voyage Sophie est comme ces derniers. A mon avis, elle a raison en disant qu'il ne vaut pas la peine de voyager s'il n'y a pas de différentes langues ni de différentes coutumes. Il est certainement plus fatigant de se débrouiller dans un pays où on parle une langue étrangère et où la manière de vivre n'est pas pareille, mais, à mon avis, c'est aussi beaucoup plus intéressant. La valeur d'un voyage consiste surtout à mieux comprendre les gens d'un autre pays et leurs problèmes. Comme cela on perd ses ressentiments, ses préjugés et aussi, la xénophobie.

Aufgabe 13

Teil I: Textproduktion: Abfassen eines Briefes
Arbeitsaufträge
Vous avez passé vos vacances chez votre ami français qui habite dans la banlieue parisienne. Celui-ci vous a demandé de lui décrire franchement les impressions de votre séjour dans la capitale française et dans sa famille.

Remerciez-le de votre séjour à Paris et répondez à sa demande. Invitez-le chez vous et racontez-lui ce qui l'attend dans cette ville de province.

Teil II: Aufgaben zu Grammatik und Wortschatz
1. L'histoire de Copainville
Accentuez les faits en mettant les phrases suivantes au passif si c'est possible.

L'histoire de Copainville commence un matin de février 1958. On avait trouvé trois jeunes travailleurs à moitié morts de froid devant un foyer de la ville. _____
On les avait pas acceptés, faute de place. _____
Alors un groupe d'amis a lancé l'idée d'un village de jeunes travailleurs. _____
De nombreux jeunes ont pris contact avec le groupe et se sont déclarés prêts à prendre part à cette expérience. _____
Les jeunes habitants construiraient et administreraient ce village. _____
On le financerait avec les salaires de ses habitants. _____
Pour trouver un terrain et des matériaux on a lancé des appels à la radio. _____
A leur suite on a offert une usine abandonnée. _____
On a envoyé des matériaux de tous les coins de la France. _____
Et on a même reçu des matériaux de l'étranger. _____
Puis les jeunes travailleurs se sont mis au travail. _____
Rapidement ils ont transformé le terrain abandonné. _____
On a construit les premières maisons. _____
On a planté des fleurs et des arbres. _____
Et un an plus tard, on a reçu les premiers habitants à Copainville. _____

2. Une interview avec un grand cinéaste
Complétez les phrases en ajoutant des pronoms personnels. Attention, parfois il en faut deux. Accordez les participes s'il en faut.

Reporter: Le cinéma, vous ____ avez découvert ____ en voyant de très mauvais films.
Cinéaste: En effet. Dans notre quartier, il y avait une salle où on passait des vieux westerns et films policiers. Je ____ ai presque tous vu ____.
R.: Vos parents ____ sont rendu ____ compte que vous adoriez le cinéma?
C.: Ils ____ sont rendu ____ compte très tôt et ils ____ ont beaucoup aidé ____. Mon père, qui était un type formidable, ____ a fait ____ le cadeau le plus important de ma vie: une caméra huit millimètres.
R. Avec cette caméra vous avez réalisé vos premiers reportages à l'école.
C.: Oui. Je ____ ai réalisé ____ en filmant mes camarades pendant la récréation, quelquefois même pendant les cours.

R.: Le cinéma d'amateur coûte cher. Il faut acheter des films …
C.: Il ____ fallait même beaucoup. Il fallait ____ faire développer. J'avais aussi besoin d'un projecteur ….
R.: Vos parents ____ ont donné l'argent nécessaire?
C.: Je ne ____ ai pas demandé ____. D'ailleurs ils n'auraient pas pu ____ donner. Non, je ____ suis débrouillé ____ en faisant des courses pour les gens du quartier.
R.: Votre père a sûrement voulu que vous passiez le bac?
C.: Oui, mais (je) ____ ai échoué ____. Je ____ ai expliqué ____ que je n'avais aucune envie de faire des études.
R.: Vous ____ avez dit comme ça?
C.: Et pourquoi pas? Je ____ ai déjà dit ____ qu'il était un homme formidable. Il ____ a même fait ____ cadeau d'une caméra seize millimètres.
R.: Vos débuts de professionnel, vous ____ avez fait ____ aux Etats-Unis. Comment cela?
C.: Mon père devait ____ aller. Il ____ a laissé partir à sa place.
R.: Vous avez connu des échecs …
C.: (Je) ai connu pas mal.
R.: Après tant d'échecs on ____ a quand même prêté ____ 600 000 francs pour la réalisation de votre grand succès …
C.: Heureusement qu'on ____ a prêté ____. Sinon …

3. Un interrogatoire

Complétez par apporter, (r) emporter, amener, emmener.

Commissaire Legrand interroge Jacques qui a fait un hold-up avec deux copains.
„Qui a _____ l'argent?" „De toute façon pas moi, monsieur le commissaire." „Alors tu ne veux pas dire qui l'a _____." „Mais je ne le sais pas." „Bon, bon." Le commissaire donne l'ordre d'_____ Jacques et d'_____ Jean. „Et _____-moi un sandwich et une bière, s.t.p." On _____ Jean et le commissaire continue son interrogatoire. „C'est toi qui as _____ le revolver et tu t'en es servi pour menacer le gardien. Où as-tu caché l'argent?" „Mais ce n'est pas moi qui l'ai _____." „Jacques a donc menti." „Oui, monsieur le commissaire." On frappe à la porte. „Qu'est-ce qu'il y a?" „Excusez-moi, je vous _____ le sandwich et la bière." „Ah, très bien et merci beaucoup. Vous pouvez _____ celui-là." „Je _____ le verre et l'assiette avant de partir?" „Non, merci. Je le ferai moi-même. Mais _____-moi le troisième de nos amis." Et l'interrogatoire continue.

4. „Je suis jeune et j'aime." Une interview sur le vif

Exprimez d'une autre façon.

On commence à (aimer quelqu'un) _____ quand on (n'est plus un enfant) _____. Pourtant on n'est pas des (grandes personnes) _____. Or, je crois qu'à notre âge le (fait d'aimer profondément _____ ça n'existe guère. Ça demande (un certain développement intellectuel et moral) _____. Je préfère (avoir des rapports sentimentaux plutôt superficiels) _____, faire (des connaissances de beaucoup de filles) _____, (passer le temps) _____ avec beaucoup de filles. Il vaut mieux avoir (aimé) _____ (assez souvent) _____. A notre âge, ce n'est pas (très important) _____. On ne voit que (ce qui est joli) _____, (l'extérieur) _____. Or, on ne prend pas la première (fille qui a les cheveux longs et blonds) _____. Il faut tenir compte (des qualités morales de la personne) _____ et (de sa façon de penser) _____. En tout cas, je préfère (être libre) _____ encore quelque temps. Je ne voudrais (commencer à aimer) _____ que pour (épouser la jeune fille) _____.

Lösungsvorschlag

Teil I:

Cher ...,

Je t'écris pour remercier tes parents et toi pour votre aimable hospitalité. En effet, ta famille et toi, vous m'avez fait un accueil chaleureux. Je suis content(e) des vacances que j'ai passées chez vous.

Il faut que je te dise aussi que la ville de Paris m'a beaucoup impressionné. La circulation! Le monde qu'il y a dans les rues, même pendant la nuit! Les grandes avenues et les tours! J'ai été étonné aussi de voir tant d'hommes de différentes cultures. Il n'y a pas tout cela chez nous. Paris, c'est vraiment une métropole. C'est impressionnant pour moi qui viens d'une petite ville de province. Et le métro! J'avoue que j'avais un peu peur au début et que j'étais content(e) de ne pas être tout(e) seul(e). Mais, en fin de compte, il faut dire que votre système de métro est très pratique. Quoiqu'il y ait tant de lignes on ne se perd pas, puisque c'est très bien indiqué. Il est facile de se débrouiller, même pour un étranger qui vient de province.

Ce que j'ai bien aimé à Paris, d'ailleurs, c'est les petits cafés où l'on s'installe dehors, sur le trottoir. Il est agréable de boire son café en regardant les gens qui passent. Ce qui m'a plu le mieux, c'est Montmartre. On se croit en province! J'aime bien le caractère villageois de ce quartier avec ses peintres et ses musiciens. Tu te rappelles qu'on y a fait un portrait de moi? Je le garderai comme souvenir.

Mais, j'avoue que le bruit, la circulation, le monde et toutes les impressions dont je n'ai pas l'habitude m'ont bien fatigué(e), de sorte que j'étais content(e) chaque fois que je suis rentré chez vous, en banlieue où l'on peut respirer l'air frais et calme. Ce qui m'a frappé chez vous, c'est les longs repas, surtout le week-end. Pour nous, il est inimaginable de rester à table trois heures et de manger 5 plats non seulement à midi, mais aussi le soir. J'avais l'impression que le week-end vous ne faites que manger. Mais j'avoue qu'il est quand même agréable de prendre son temps, pour manger et, pour discuter. Et la nourriture était excellente. Ta mère est une bonne cuisinière. Chez nous on mange souvent sur le pouce parce qu'on croit ne pas avoir le temps. En fait, on n'attache pas tant d'importance aux repas, mais, après mon séjour chez vous, je crois que c'est faux. Ce n'est pas seulement la nourriture qui compte, mais aussi le fait que la famille se réunit pour discuter. J'ai l'impression d'ailleurs que la vie familiale est très importante chez vous. Vous voyez vos grands-parents, vos cousins et cousines régulièrement et vous passez les vacances ensemble. Chez nous, ce n'est pas comme cela. Chacun vit plutôt pour lui-même, hélas.

De toute façon, j'étais content(e) chez vous et je t'invite à passer tes prochaines vacances chez nous. J'espère que tu n'as pas encore prévu autre chose. Tu sais que j'habite en province. La vie n'y est donc pas du tout comme à Paris. C'est calme, il n'y a pas de métro ni de grandes avenues ni de grands théâtres, mais cela a aussi ses avantages: On peut faire de belles randonnées, des tours de bicyclette et il y a un petit lac, pas loin de chez nous.

J'espère que tu aimeras la nourriture allemande. Bien sûr, elle n'est pas aussi bonne que la vôtre, mais elle n'est quand même pas mauvaise. Bon, j'espère que tu viendras me voir. Réfléchis bien.

Je te laisse maintenant, espérant que tu accepteras mon invitation. Dis le bonjour de ma part à tes parents et dis-leur que je les remercie beaucoup.

A bientôt ...

Teil II:

1. L'histoire de Copainville commence un matin de février 1958.
   <u>Trois jeunes travailleurs avaient été trouvés</u> à moitié morts de froid devant un foyer de la ville.
   <u>Ils n'avaient pas été acceptés</u>, faute de place.
   Alors <u>l'idée d'un village de jeunes travailleurs a été lancée par un groupe d'amis</u>.
   De nombreux jeunes ont pris contact avec le groupe et se sont déclarés prêts à prendre part à cette expérience.
   <u>Ce village serait construit et administré par les jeunes habitants</u>.
   <u>Il serait financé</u> avec les salaires de ces habitants.
   Pour trouver un terrain et des matériaux <u>des appels ont été lancés</u> à la radio.
   A leur suite <u>une usine abandonnée a été offerte</u>.
   <u>Des matériaux de tous les coins de la France ont été envoyés</u>.
   Et <u>même des matériaux de l'étranger ont été reçus</u>.
   Puis les jeunes travailleurs se sont mis au travail.
   Rapidement <u>le terrain abandonné a été transformé par eux</u>.
   <u>Les premières maisons ont été construites</u>.
   <u>Des fleurs et des arbres ont été plantés</u>.
   Et un peu plus tard, <u>les premiers habitants ont été reçus</u> à Copainville.

2. Reporter: Le cinéma, vous <u>l'</u>avez découver<u>t</u> en voyant de très mauvais films.
   Cinéaste: En effet. Dans notre quartier, il y avait une salle où on passait des vieux westerns et films policiers. Je <u>les</u> ai presque tous vu<u>s</u>.
   R.: Vos parents <u>se</u> sont rend<u>u</u> compte que vous adoriez le cinéma?
   C.: Ils s'<u>en</u> sont rend<u>u</u> compte très tôt et ils <u>m'</u>ont beaucoup aidé. Mon père, qui était un type formidable, <u>m'</u> a fait le cadeau le plus important de ma vie: une caméra huit millimètres.
   R.: Avec cette caméra vous avez réalisé vos premiers reportages à l'école.
   C.: Oui. Je <u>les</u> ai réalis<u>és</u> en filmant mes camarades pendant la récréation, quelque fois même pendant les cours.
   R.: Le cinéma d'amateur coûte cher. Il faut acheter des films ….
   C.: Il <u>en</u> fallait même beaucoup. Il fallait <u>les</u> faire développer. J'avais aussi besoin d'un projecteur ….
   R.: Vos parents <u>vous</u> ont donné l'argent nécessaire?
   C.: Je ne <u>le leur</u> ai pas demand<u>é</u>. D'ailleurs ils n'auraient pas pu <u>me le</u> donner. Non, je <u>me</u> suis débrouillé en faisant des courses pour les gens du quartier.
   R.: Votre père a sûrement voulu que vous passiez le bac?
   C.: Oui, mais j'<u>y</u> ai échoué. Je <u>lui</u> ai expliq<u>ué</u> que je n'avais aucune envie de faire des études.
   R.: Vous <u>l'</u>avez dit comme ça?
   C.: Et pourquoi pas? Je <u>vous</u> ai déjà dit qu'il était un homme formidable. Il m'a même fai<u>t</u> cadeau d'une caméra seize millimètres.
   R.: Vos débuts de professionnel, vous <u>les</u> avez fait<u>s</u> aux Etats-Unis. Comment cela?
   C.: Mon père devait <u>y</u> aller. Il <u>m'</u>a laissé partir à sa place.
   R.: Vous avez connu des échecs ….
   C.: J'<u>en</u> ai conn<u>u</u> pas mal.
   R.: Après tant d'échecs on <u>vous</u> a quand même prêt<u>é</u> 600 000 francs pour la réalisation de votre grand succès ….
   C.: Heureusement qu'on <u>me les</u> a prêt<u>és</u>. Sinon …

3. Commissaire Legrand interroge Jacques qui a fait un hold-up avec deux copains. „Qui a <u>emporté</u> l'argent? „De toute façon pas moi, monsieur le commissaire. „Alors tu ne veux pas dire qui l'a <u>emporté</u>." „Mais je ne le sais pas." „Bon, bon." Le commissaire donne l'ordre d'<u>emmener</u> Jacques et d'<u>amener</u> Jean. „Et <u>apportez</u>-moi un sandwich et une bière, s.t.p." On amène Jean et le commissaire continue son interrogatoire. „C'est toi qui as <u>apporté</u> le revolver et tu t'en es servi pour menacer le gardien. Où as-tu caché l'argent?" „Mais ce n'est pas moi qui l'ai <u>apporté</u>." „Jacques a donc menti." „Oui, monsieur le commissaire." On frappe à la porte. „Ou'est-ce qu'il y a?" „Excusez-moi, je vous <u>apporte</u> le sandwich et la bière." „Ah, très bien et merci beaucoup. Vous pouvez <u>emmener</u> celui-là." „Je <u>remporte</u> le verre et l'assiette avant de partir?" „Non, merci. Je le ferai moi-même. Mais <u>amenez</u>-moi le troisième de nos amis." Et l'interrogatoire continue.

4. On commence à <u>être amoureux de quelqu'un</u> quand on <u>est un adolescent.</u> Pourtant on n'est pas des <u>adultes.</u> Or, je crois qu'à notre âge le <u>vrai amour</u> ça n'existe guère. Ça demande <u>une certaine maturité.</u> Je préfère <u>des liaisons pas sérieuses,</u> avoir de <u>nombreuses aventures,</u> <u>être</u> avec beaucoup de filles. Il vaut mieux avoir <u>été l'amant de plusieures filles.</u> A notre âge, ce n'est pas <u>sérieux.</u> On ne voit que <u>la beauté extérieure.</u> Or, on ne prend pas la première <u>belle fille.</u> Il faut tenir compte de <u>son caractère</u> et <u>de son esprit.</u> En tout cas, je préfère <u>être indépendant</u> encore quelque temps. Je ne voudrais <u>m'éprendre</u> que pour <u>me marier.</u>

Aufgabe 14

Texte

Les bistrots ont-ils un avenir?

On n'en finit pas, dans les colloques, dans les salons ... et dans les bistrots, de commenter le passé, le présent et l'avenir des cafés-bars-tabacs, ces hauts lieux de la vie quotidienne sans lesquels la France ne serait pas tout à fait ce qu'elle est. Et les conclusions sont pessimistes. D'abord un constat: grosso modo, en 1910, il y avait
5 510 000 cafés. En 1960: 200 000. En 1980: 107 000. En 1990: 70 000.

„Il y a de nombreuses raisons à cela", dit Bernard Boutboul qui étudie le comportement des consommateurs depuis de nombreuses années.

D'abord la désurbanisation. Ce terme barbare signifie que le centre des villes se vide au profit des banlieues et de la périphérie. La clientèle s'en va vivre extra-muros (1).
10 Les cafés du centre meurent.

Et puis, les patrons des bistrots vieillissent. Les enfants des patrons ne veulent plus reprendre le fonds de commerce des parents. D'abord, parce que le travail est trop dur. Ensuite, parce que „faire bistrot" n'est plus une image valorisante pour la plupart d'entre eux. Certes, quelques minorités agissantes apparaissent, surtout des Nord-
15 Africains. Dans ma banlieue, il y avait cinq bistrots à la file. Ils ont tous été rachetés par des Algériens. Ils sont pleins.

Autre cause du déclin: il y a eu une évolution des styles de vie, une modification des rythmes de travail. On se presse, on stresse, on n'a plus le temps de perdre son temps. Depuis quatre ou cinq ans, le foyer est en train de devenir le centre de loisirs
20 privilégié. On organise de plus en plus de choses à la maison. On améliore son confort. La télévision, le magnétoscope ont tué le cinéma et le bistrot. Pas seulement la télé. Mais aussi les super et hypermarchés. On y fait le plein d'alcool et de jus de fruits et on boit à la maison. On en a plus et c'est moins cher.

D'autres concurrents frappent les cafés à la caisse (2). C'est la prolifération d'innom-
25 brables sandwicheries, hamburgeries, croissanteries. Et les fast-foods (3)! Les néfastfoods, disent les cafetiers. Le bouffe-vite (3) est l'ennemi public numéro 1. Quand un bouffe-vite s'implante, le café du coin perd 30 % de son chiffre d'affaires.

Bien. Comme de juste, les professionnels commencent à se demander comment rattraper la clientèle qui s'enfuit.

30 Il y a les bistrots „à spectacle". Tout fait partie du spectacle. On y va, on regarde, on voit, on est vu, on reconnaît, on est reconnu. C'est un lieu de théâtralité. C'est une innovation dans la cité. Mais ces bistrots „spectacle", ont un créneau (4) limité. Et puis, c'est là que les prix sont les plus élevés.

Il y a aussi les bistrots „transition" qui sont fréquentés par les actifs. Ils se situent entre
35 le foyer et le travail, entre le travail et le loisir. On y passe un bout de temps, un moment ou l'autre pour un rendez-vous. Ces bistrots pourraient être l'avenir de la profession s'ils y ajoutaient, par exemple, un service de petite restauration rapide. Les fabricants de plats surgelés campent aux portes des cafés. Ils leur disent: „N'attaquez pas les bouffe-vite sur leur terrain. Faites connaître vos propres produits (c'est-à-dire
40 les nôtres). Vous regagnerez vos 30 % perdus et vous serez l'avenir de la profession."

Bon, on peut toujours poursuivre la discussion au café du coin. Car l'avenir est peut-être sombre, mais qu'on se rassure: la route du bar est encore ouverte.

Yvon le Vaillant, LE NOUVEL OBSERVATEUR, No 1411, 21-27 novembre 1991

Explications

(1) extra-muros: hors du centre-ville
(2) frapper à la caisse: causer des pertes financières
(3) le fast-food/le bouffe-vite: restaurant de consommation rapide
(4) créneau: ici: dt.: Marktlücke

Devoirs

Question sur le texte

Compréhension du texte

1. Quelles raisons les enfants ont-ils de ne „plus reprendre le fonds de commerce des parents" (l. 11/12)?
2. Quels changements ont contribué à faire du foyer un concurrent pour le bistrot?
3. Qu'est-ce que l'auteur entend par un bistrot „transition" (l. 34)?

Commentaire de texte

4. Pour les cafetiers, les fast-foods sont des „néfast-foods" (l. 25/26). Expliquez ce jeu de mots.
5. Les bistrots rachetés par les Algériens „sont pleins" (l. 16). Comment expliquez-vous cela?
6. „Et les conclusions sont pessimistes." (l. 3/4) La conclusion de l'auteur l'est-elle aussi?

Commentaire personnel

7. Exposez, en dix phrases environ, vos idées sur <u>un</u> des sujets suivants.
    a) Pourquoi tant de jeunes aiment-ils fréquenter les discothèques? Parlez de vos expériences.
    b) En France, la loi interdit de fumer dans les lieux publics. Qu'en pensez-vous?
    c) Quelles mesures seraient valables pour lutter contre l'alcoolisme?
    d) „Le stress" est-il vraiment un phénomène aujourd'hui auquel personne ne peut échapper?

Grammaire

8. Complétez et modifiez le texte suivant selon les indications données; écrivez en entier le texte modifié en changeant l'ordre des mots là où ce sera nécessaire et en respectant l'accord. Il faut

- /1/ remplacer le passage souligné par l'impératif
- /2/ mettre le verbe entre parenthèses au temps du passé voulu par le contexte
- /3/ mettre le mot qui convient
- /4/ remplacer le(s) mot(s) souligné(s) par un pronom personnel ou un pronom adverbial
- /5/ mettre le mot entre parenthèses à la forme voulue par le contexte
- /6/ mettre le passage entre parenthèses à la forme négative
- /7/ mettre en relief les mots soulignés
- /8/ remplacer la construction soulignée par une construction équivalente
- /9/ remplacer les mots soulignés par le pronom démonstratif qui convient
- /10/ relier la proposition à la phrase précédente pour obtenir une construction relative

Nous ne devons pas oublier /1/ l'exode rural. Autrefois, dans mon petit bourg breton, il y (avoir) /2/ une quinzaine ... /3/ cafés, il ne reste que deux ou trois de ces cafés /4/. C'est pareil un peu partout. Dans les villages, le café était souvent la dernière lampe (allumer) /5/. Elle (s'éteindre) /2/. (Il faut oublier aussi) /6/ que le café était un lieu social. Cela aussi, c'est fini. Du moins, les consommateurs /7/ le disent. Les bistrots qui existent /8/ encore sont devenus de grandes machines. (On retrouve encore) /6/ la chaleur humaine des bistrots /9/ d'autrefois /10/: On entre dans ces bistrots /4/, (on rencontre quelqu'un) /6/, on quitte les bistrots /4/. Voilà une raison pour ... /3/ il faudrait tout repenser.

Version

9. Traduisez le texte suivant

L'agglomération parisienne est également peuplée de Français qui ne sortent guère de leur quartier, si ce n'est pour se rendre à leurs lieux de travail. Paris continue ainsi à juxtaposer nombre de villages, où commerçants et clients se connaissent depuis longtemps, boivent un verre au comptoir, discutent de tout et de rien, voient au premier coup d'œil quand leur interlocuteur n'est pas „dans son assiette", se prêtent aide et assistance dans les coups durs. C'est le Paris inépuisable qui est en train de disparaître: au total, tout un monde qui se transforme trop vite et qui ne gagne pas toujours à se laisser dévorer par les audaces architecturales de promoteurs (1) avides. Dans cette mutation trop rapide, le Parisien qui dépasse la cinquantaine devient nostalgique et s'accroche à des images qui lui semblent conserver la fraîcheur et l'originalité de la capitale d'autrefois.

Georges Duby, Robert Mandrou: Histoire de la civilisation française, vol. 2 XVIIe–XXe siècle, Paris 1976, p. 391

Explication

(1) promoteur: ici: dt. Bauunternehmer

Lösungsvorschlag

1. Les enfants des patrons en ont plusieurs raisons.
D'abord, ils trouvent que le travail de leurs parents est trop dur. Il faut travailler les soirs et les samedis et les dimanches.

En outre, on ne peut plus gagner beaucoup d'argent avec ce métier, car le clientèle des bistrots est en train de diminuer. En fin de compte, les enfants ne veulent plus „faire bistrot" comme l'ont fait leurs parents, parce qu'il leur semble qu'il y a d'autres métiers qui sont non seulement plus intéressants mais aussi mieux estimés dans la société.

2. Il y a de nombreux changements qui ont contribué à faire du foyer un concurrent pour le bistrot.

En général, la façon de vivre a changé considérablement ces derniers temps et en conséquence le foyer a pris une place plus importante dans la vie quotidienne. Depuis quatre ou cinq ans les gens passent plus de leur loisir à la maison où règne un confort agréable: la télévision, le magnétoscope et cetera. En plus, à la maison, il y a tout ce qu'on désire, grâce aux super et hypermarchés, on peut y consommer des boissons bon-marché, par exemple.

Aujourd'hui, beaucoup de gens préfèrent alors ne pas dépenser trop d'argent dans des bistrots, c'est pourquoi ils rentrent du travail tout de suite. Arrivés chez eux, ils ont aujourd'hui tout un choix de bien s'amuser sans être obligés de quitter la maison.

3. Par ce terme l'auteur entend un bistrot dont la plupart des clients sont des actifs qui y vont directement après le travail.

Le terme „transition" (l. 34) veut dire que ces bistrots ne font partie ni du monde de travail ni du loisir. C'est un lieu où les gens passent un certain temps, soit tout seul, soit en compagnie des amis, avant de rentrer chez eux. D'après ce que l'auteur dit, ces bistrots auraient un bel avenir s'ils offraient aussi des plats rapides.

4. Pour expliquer ce jeu de mots il faut d'abord voir ce que les mots isolés veulent dire, avant de discuter l'effet de cette expression sur le lecteur.

L'adjectif français „néfaste", qui s'écrit avec un „e" à la fin, signifie quelque chose de fatal, dangereux, ruineux. *Food* est un mot anglais qui veut dire „alimentation". „Food" est utilisé ici dans le contexte des restaurants rapides où on achète des plats simples d'origine anglo-américaine. On appelle ces restaurants des „fast-foods". Une expression française équivalente serait donc „manger sur le pouce" qui veut dire manger peu de choses en peu de temps.

Comme les Français traditionnellement prennent leur temps pour les repas, les fast-foods ne sont pas vraiment acceptés par la plupart des Français. Mais surtout les jeunes, méprisants la tradition, aiment fréquenter les fast-foods ou les „bouffe-vite " (l. 26) comme on dit en français.

Pour les cafetiers pourtant, les fast-foods sont des concurrents. C'est la raison pour laquelle ils ont créé l'expression „néfast-foods" (l. 25/26), un néologisme composé du mot anglais „food" et d'un adjectif qui n'existe pas dans cette forme en français (il manque le „e" à la fin), tout en faisant allusion aux fast-foods avec le sous-entendu que les fast-foods sont des établissements nuisibles à la culture française.

De plus en plus les gens préfèrent donc manger un „hamburger" que de prendre un croque-Monsieur dans un bistrot. C'est alors pourquoi on peut dire que les fast-foods sont en train de ruiner non seulement le style de vie des Français, mais aussi de causer la ruine de nombre de bistrots.

Ce sont alors surtout les cafetiers qui parlent des néfast-foods. Ils sont fâchés: D'une part, parce que cela n'a rien à voir avec le savoir-vivre qu'ils connaissent; d'autre part, parce qu'ils perdent beaucoup de clients à cause de ces bouffe-vite!

5. Dans le texte, il y a question des bistrots – rachetés par les Algériens – qui sont pleins. Cela s'explique par de différentes raisons.

Premièrement, les Algériens ont/ont toujours eu l'habitude de passer beaucoup de temps dans les bistrots ou les petits cafés. En France aussi ils y vont pour rencontrer leurs compatriotes. Comme les Algériens n'ont pas tous un travail bien payé, c'est presque leur seul plaisir d'aller dans le bistrot du coin.

Souvent il s'agit des bistrots dont le patron a changé: Etait-ce un Français autrefois, c'est un Algérien maintenant. Ce sont alors devenus de petits établissements typiquement algériens qui diffèrent de beaucoup des bistrots français. Evidemment ce sont des bistrots fréquentés exclusivement par les Algériens et évités des Français.

Deuxièmement, les Algériens habitent souvent dans un ghetto, c'est-a-dire dans un quartier surtout habités par les Algériens plutôt triste (comme la ZUP par exemple). C'est naturel qu'il y naisse de plus en plus des magasins et bistrots en possession des Algériens.

6. La conclusion de l'auteur est moins pessimiste que les conclusions faites par le public.

L'auteur voit un avenir pour les bistrots, car les professionnels vont créer de nouvelles espèces de bistrots, comme des „bistrots à spectacle" (l. 30) ou les „bistrots transition" (l. 34). Bien que l'auteur parle du déclin actuel des bistrots, il est quand même optimiste en ce qui concerne leur avenir. Il croit qu'il y a une crise du bistrot, mais aussi que cette crise puisse s'arrêter un jour. Selon ce que l'auteur écrit dans sa dernière phrase, le café du coin regagnera peut-être une position sûre dans la société française.

7.a) Beaucoup de jeunes aiment fréquenter les discothèques. Pour eux c'est une de rares possibilités pour prendre leurs ébats.

Dans des boîtes, il y a la musique pop. On peut y danser d'une façon moderne et, ce qui est important aussi pour les jeunes, on y rencontre beaucoup de monde, soit des amis soit des gens qu'on ne connaît pas encore. De plus, il est très facile de faire la connaissance de jeunes filles/jeunes garçons.

Une autre raison: On y joue la musique la plus actuelle. C'est pratiquement le seul endroit où les jeunes peuvent écouter une telle musique d'une telle puissance de son. Donc, il n'est pas étonnant que les discothèques ne soient fréquentées que par les jeunes âgés de 15 à 25 ans environ. On y trouve presque pas d'adultes, ainsi les jeunes s'y sentent entre eux.

Pour résumé, on peut dire que les jeunes ont toujours aimé aller danser. A l'époque de nos parents et grand-parents c'étaient des bals de danse, de nos jours ce sont les discothèques qui ont le fonction de rassembler les jeunes pour qu'ils puissent s'amuser le soir.

7.b) Moi, je pense que c'est une bonne idée d'interdire de fumer dans les lieux publics.

Imaginons que ce ne soit pas le cas, il y aurait de la fumée partout. Et surtout les enfants, les bébés même en souffraient. Il est donc mieux pour la santé des non-fumeurs d'interdire de fumer dans le métro, le train, l'autobus, à l'école, dans les salles d'attente, bref dans les lieux publics.

A mon avis, il fallait même défendre de fumer dans les restaurants. Quand je déjeune ou dîne en ville dans un petit restaurant par exemple, cela me dérange souvent si tout le monde autour de moi fume des cigarettes ou, pire encore, des cigares. Non seulement la fumée des cigarettes nuit à la santé – elle peut causer du cancer même chez ceux qui ne fument que passivement – mais aussi le repas, les vêtements, les cheveux prennent l'odeur des cigarettes: encore le lendemain les vêtements sentent la fumée.

Tout en admettant qu'il y a des gens qui ne veulent pas se priver de fumer, parce que pour eux la qualité de vie augmente avec une cigarette à la main, je veux dire que je n'ai rien contre les fumeurs – autant qu'ils fument dans leur propres maisons.

<u>ou</u>

En France il y beaucoup de fumeurs, néanmoins la loi interdit de fumer dans les lieux publics. Comme je suis fumeur moi-même, je ne suis pas content(e) du tout de cette réglementation.

Quand je pense à mes vacances que j'ai l'intention de passer en France, dans le Midi, je me sens mal à l'aise en me figurant que je n'aurais pas le droit d'allumer une cigarette où j'en ai envie.

L'opinion public sur l'habitude de fumer a complètement changé. Il y a quelques années, on trouvait encore chic de fumer, et quelques années plus tard on se moquait encore des Américains qui se mettaient alors à „lutter" contre les fumeurs. Maintenant, c'est presque l'envers. Fumer n'est plus chic. Au contraire, il faut même en avoir honte, car il est chic de se maintenir en bonne santé à notre époque. Voilà comme l'attitude puisse changer vite.

En ce qui concerne la tolérance envers ceux qui, malgré tout, aiment encore fumer, je ne vois plus de grande différence entre les Américains et les Européens. Presque partout en Europe il est interdit de fumer dans les lieux publics, comme en France. Ce qui me dérange, c'est que l'individu n'a plus le droit de se décider lui-même pour ou contre la cigarette. Ce sont l'état et la lobby des non-fumeurs qui prennent cette décision tout simplement en interdisant de fumer où ils trouvent que personne ne devrait fumer. Aujourd'hui, les fumeurs ont donc moins de liberté personnelle qu'autrefois.

7.c) L'alcoolisme est un problème considérable, aujourd'hui. Il y a beaucoup de gens qui ont perdu leur travail, leur famille et leur maison à cause de l'abus d'alcool. Qu'est-ce qu'on pourrait faire alors pour lutter d'une façon efficace contre l'alcoolisme?

D'abord il serait absolument nécessaire qu'on interdise aux jeunes d'acheter et consommer de l'alcool au public. Les jeunes ne se rendent pas encore compte du danger qu'on court quand on boit régulièrement (trop) d'alcool. C'est donc à l'état de régler une éventuelle restriction de vente de l'alcool dans le pays.

Mais en ce qui concerne les adultes on ne peut pas les priver complètement de boire de l'alcool de temps en temps. Et dans une culture où il est tout à fait normal qu'on boive de l'alcool lors de certaines occasions, on ne peut pas lancer une loi interdisante toute consommation d'alcool. Autrement dit, les adultes sont responsables eux-mêmes pour leur propre santé et vie.

Néanmoins, il fallait les avertir des conséquences d'un abus d'alcool. Alors, on devrait prendre l'initiative et organiser plus de campagnes contre l'alcool, par exemple donner des informations concernant les effets négatifs de l'alcool sur la santé et cela déjà en école et un peu partout par la télévision, les médias, des affiches.

Tous ces mesures seraient des mesures valables, à mon avis, et aussi efficaces.

7.d) Le mot „stress" est beaucoup utilisé aujourd'hui, non seulement dans les média mais aussi dans la conversation quotidienne. On peut dire que c'est un phénomène concernant presque chaque membre de notre civilisation moderne.

Par la suite de l'industrialisation et à cause du progrès technologique, l'homme de nos jours a un travail beaucoup plus stressant à effectuer que ses aïeuls.

Pensons aux grandes villes où les gens sont pressés sans cesse, du matin au soir. Où peut-on se reposer pour quelques minutes, où s'arrêter dans le calme pour prendre l'air frais? Cela peut donc causer du stress facilement.

Je crois qu'il est difficile d'échapper au „stress" pour des raisons très simples. Tenant compte de la situation de travail et de la vie quotidienne, même pendant le loisir la plupart des gens essaient d'atteindre un optimum dans leurs activités – il n'est pratiquement possible à personne de vivre sans „stress". Seul à la campagne, on pourrait s'imaginer qu'il y ait encore plus de citoyens qui mènent une vie où le „stress" n'y touche pas vraiment.

ou

Tout le monde parle du „stress" aujourd'hui. Même les écoliers souffrent de ce phénomène, qui d'ailleurs n'existait pas à l'époque de nos grand-parents.

A mon avis, c'est donc uniquement un phénomène dont parle l'homme moderne, non pas un phénomène universel.

Prenons par exemple les pays du tiers-monde. Les gens là-bas n'ont pas le temps de se faire des soucis du „stress" comme nous dans les pays industrialisés. Ils ont d'autres problèmes plus existentiels à résoudre. Par exemple, souvent ils ne savent pas de quoi se nourrir le jour même. Je crois donc que nous en Europe, nous sommes trop gâtés dans l'ensemble, ce qui a pour cause que nous cherchons parfois des problèmes dans la vie, même s'il n'en existe pas toujours un. „Le stress" en est un exemple.

Autrement, je crois que nous avons des problèmes beaucoup plus graves que le „stress", comme par exemple le chômage, la pollution de l'environnement et cetera. Mais à ces problèmes personne ne peut échapper vraiment s'il en est frappé, tandis qu'au stress on peut échapper si on le veut. Il faut parfois tout simplement changer le rythme de vie: ne pas vouloir faire trop en même temps, ou se reposer le week-end dans la nature ou faire un peu de sport en plein air frais par exemple au lieu de faire carrière à tout prix, c'est-à-dire en ruinant la santé et l'équilibre psychique pour l'amour de l'argent.

8. <u>N'oublions pas</u> l'exode rural. Autrefois, dans mon petit bourg breton, il y <u>avait</u> une quinzaine de cafés, il n'<u>en</u> reste que deux ou trois. C'est pareil un peu partout. Dans les villages, le café était souvent la dernière lampe <u>allumée</u>. Elle <u>s'est éteinte</u>. <u>Il ne faut pas oublier non plus</u> que le café était un lieu social. Cela aussi, c'est fini. Du moins, <u>ce sont les consommateurs qui</u> le disent. Les bistrots <u>existants</u> encore sont devenus de grandes machines, <u>où on ne retrouve plus</u> la chaleur humaine de ceux d'autrefois: On y entre, <u>on ne rencontre personne</u>, on <u>les</u> quitte. Voilà une raison pour <u>laquelle</u> il faudrait tout repenser.

9. Der Pariser Ballungsraum ist ebenso von Franzosen bevölkert, die ihr Wohnviertel fast nicht verlassen, es sei denn, um an ihre Arbeitsstätten zu gelangen. Auf diese Weise gliedert sich Paris weiterhin eine Reihe von Ortschaften an, in denen Geschäftsleute und Kunden sich seit langem kennen, am Ladentisch ein Gläschen miteinander trinken, über alles und nichts reden, auf den ersten Blick erkennen, wenn ihr Gesprächspartner nicht „gut drauf ist", einander in schwirigen Lebenslagen helfen und sich gegenseitig unterstützen. Das ist das unerschöpfliche Paris, das im Begriff ist, zu verschwinden: Alles in allem eine Welt für sich, die sich zu schnell wandelt und die nicht immer gewinnt, wenn sie sich von den kühnen architektonischen Konstruktionen gieriger Bauunternehmer verschlingen läßt. In diesem überschnellen Wandel wird der Pariser, der die Fünfzig überschreitet, nostalgisch und klammert sich an Bilder, die ihm die Frische und Ursprünglichkeit der Hauptstadt früherer Zeiten zu bewahren scheinen.

Es ist nicht in allen Fällen gelungen, die Inhaber der Rechte an den Übungstexten ausfindig zu machen.
Diese werden gebeten, sich mit dem Verlag in Verbindung zu setzen.